Philippe Guillemot

DE NUAGES ET DE FEU

GUERRE AÉRIENNE SUR LES ARDENNES

HEIMDAL

Introduction

En cette fin d'année 1944, la *Luftwaffe* était déjà depuis longtemps entrée en disgrâce auprès de Hitler et même Göring ne se présentait plus que très rarement à la table de conférence de ce dernier et où était étudiée la situation quotidienne de la guerre. Galland et son plan de « Grand Coup » n'avaient pas convaincu et Hitler avait même menacé de concentrer l'effort industriel allemand sur la fabrication de panzers et de canons de Flak puisque, à lire la presse alliée, seule cette arme semblait encore poser quelque frayeur aux toutes puissantes armadas du bombardement américain ou britannique.

Signe des temps pourtant, pour la Bataille des Ardennes, l'opération *Herbstnebel*, Göring était de retour au QG avancé de Hitler, faisant sa grande réapparition. Pas simplement pour se montrer, mais bien parce que, pour la *Luftwaffe* également, cette offensive devait consacrer, par les efforts consentis, son retour sur le devant de la scène. En effet, des efforts colossaux et des plans au moins aussi grandioses avaient été faits pour elle, pour accompagner cette offensive de la dernière chance lancée par le IIIe Reich.

Or, force est de constater que, dans les mémoires, la bataille des Ardennes reste nimbée de nombreux clichés : la neige, le brouillard, des panzers *SS* équipés des derniers modèles et comptant parmi eux les soldats les plus expérimentés qui soient, ces clichés n'épargnent pas, tant s'en faut, les opérations aériennes qui bien souvent se voient restreindre à un parachutage allemand raté, une première partie de l'offensive terrestre s'opérant dans un cocon de nuages et éliminant toute action aérienne, puis l'apparition du soleil et le parachutage de vivres et de munitions aux soldats de la *101st Airborne* assiégés dans ce qui ne serait décidément pas cet Alamo perdu au fin fond des Ardennes belges, Bastogne, et le matraquage des forces allemandes par des jabos redevenus maîtres incontestés des cieux. Le tout se concluant avec non pas une victoire mais plutôt une défaite à la Pyrrhus, l'opération *Bodenplatte*, véritable chant du cygne de la *Luftwaffe*.

Beaucoup de vrai dans tout cela, mais aussi de nombreuses imprécisions, lacunes ou véritables omissions. Parachutage réussi pour les Américains à Bastogne mais quid quant à ceux de Hotton ou envisagés au profit de la *106th USID* ? Et qu'en fut-il des parachutages de vivres dans le cas des Allemands à Peiper ? Aucune opération au-dessus des Ardennes pendant les premiers jours ? Nous verrons que ce n'est pas tout à fait exact… Et que dire des forces de bombardement alliées qui seront même détournées de leurs missions principales au-dessus de l'Allemagne pour opérer une véritable opération de bouclage stratégique de l'espace du champ de bataille des Ardennes ?

Dans cette première partie, nous nous attacherons à rendre à cette bataille aérienne ses véritables places et dimensions dans cette lutte acharnée que connut l'Europe occidentale en ce rude hiver de 1944.

La *Luftwaffe* met en péril *Herbstnebel*… mais c'est sans importance !

Parmi les facteurs clefs de succès répertoriés par les Allemands avant le déclenchement de l'opération, avait été clairement identifié le respect absolu du secret à tous les niveaux de la hiérarchie. Ce respect strict du secret, même s'il contribua aussi en grande partie à gêner les forces allemandes attaquantes, est d'ailleurs sans conteste un des principaux – et rares – succès allemands obtenus dans cette opération. Ce succès n'aurait pas été rendu possible sans la mise à l'écart des machines Enigma dans le cadre de la préparation de l'offensive.

Du moins en théorie…

Car, en effet, si les Américains ont une grande part de responsabilité dans ce brillant succès allemand, on ne peut pas en dire de même de la *Luftwaffe*. Bien au contraire, celle-ci envoya des signaux clairs à ses ennemis qui auraient pu, qui auraient dû, sinon faire sonner le tocsin, du moins faire froncer quelques sourcils autour des cartes étendues sur les tables des états-majors alliés.

En effet, nombreux furent les signaux de fumée émis par la *Luftwaffe*. Ainsi, pour commencer, rassembler autant de forces pour mener une telle offensive impliquait la mise en œuvre d'un nombre de trains impressionnant (5 000 !). Or, la *HG B* de Model demandait à la *Luftwaffe* une couverture aérienne lors de la traversée du Rhin, ce qui aurait dû permettre aux Alliés de localiser la région d'arrivée de pas moins de 800 trains, au travers des goulots d'étranglement ainsi identifiés que représentaient les ponts cités. Ils interceptèrent également les messages en provenance de la *Luftwaffe* visant à assurer en priorité la protection des convois transportant les précieux panzers alors que ceux-ci devaient franchir le fleuve.

Tout au long des préparatifs, l'utilisation d'Enigma par les services de la *Luftwaffe*, et le subséquent décryptage par les alliés via Ultra, auraient pu apporter de nouveaux éléments qui,

Sauf mentions spéciales, les photographies de cet ouvrage sont © NARA.

Les photographies en couleurs sont d'époque sauf mentions de colorisation.

Des B-17G du *532nd Bomb squadron* du *381st Bomb Group* de la *8th Air Force* en formation au-dessus de l'Allemagne à la fin de l'année 1944.

pour certains, n'étaient pas que des bribes de renseignements secondaires ou insignifiants; qu'on en juge:

– le quadruplement du nombre de chasseurs sur le front ouest durant les semaines précédant l'attaque;

– le nom même de ce regroupement, *Jägeraufmarsch* déjà utilisé par le passé pour désigner une concentration offensive;

– le regroupement de 100 Ju-52 (qui correspondaient aux transports qu'allait utiliser von der Heydte pour son parachutage);

– la transformation des chasseurs des *JG 2* et *4*, *IV.JG 3* et *I.JG 27* par l'adjonction de dispositifs leur permettant l'appui au sol dans un rôle de chasseurs-bombardiers;

– les préparatifs visant à déménager la plupart des aérodromes de la *Luftwaffe* plus à l'Ouest;

– le changement de la structure de commandement de la *Luftwaffe* à partir du 25 novembre ainsi que les mesures prises pour coordonner au mieux l'appui des troupes au sol par des chasseurs;

– la demande émise par le *II.Jagdkorps* de stocker des fusées éclairantes et fumigènes pour des aides à la navigation;

– les instructions de cette même unité aux Ju-88 quant à l'utilisation de ces engins pour guider des formations de chasseurs. Le commandement du *JG 27* répercutera également à ses *Gruppen* les mêmes indications;

– enfin deux autres éléments importants: l'un stipulant que les unités *SS* gardaient le silence radio, tactique souvent employée à la veille d'une attaque. L'autre, en date du 4 décembre, laissant potentiellement entrevoir la date de celle-ci puisqu'il était dit que les *«pilotes et les avions devaient arriver environ dans deux semaines»*.

Les Alliés savaient également que Model avait demandé des reconnaissances aériennes le long de la Meuse pour connaître l'état des ponts et des concentrations des forces alliées qui s'y trouvaient déployées entre Liège et Givet. Des vols avaient été demandés également au-dessus de localités dont les noms allaient devenir célèbres, souvent tristement, quelques semaines plus tard: Eupen, Malmédy, Prüm ou encore Houffalize.

Mais rien ne se passa. Toutes ces écoutes, ces bévues, ce manque de rigueur de la part des services de la *Luftwaffe* furent remisés comme bon nombre de renseignements concrets provenant du terrain (témoignages de civils, déserteurs, bruits de mouvements de troupes)

Après tout, Ultra n'avait jamais menti et avait toujours permis de percer les plans ennemis, alors, puisque rien n'avait été transmis ni intercepté par le système de codage allemand autour de plans quant à une éventuelle offensive à venir, pourquoi donc s'inquiéter? D'autant que, malgré les déboires récents: le raidissement de la défense allemande aux portes du Reich, les sanglants combats de la forêt de Hürtgen ou encore l'échec de l'opération *Market-Garden* en septembre dernier, une certaine euphorie régnait dans ces mêmes états-majors alliés. Certains services de renseignement au plus haut niveau allant jusqu'à inciter les troupes à plus de vigilance, non pour détecter les préparatifs d'une éventuelle offensive ennemie mais bien pour repérer tout signe d'effritement du front allemand qu'on s'attendait à voir s'écrouler tout simplement comme un château de cartes d'un jour à l'autre.

Paradoxalement, le seul renseignement intercepté par Ultra émanant de la *Luftwaffe* et véritablement pris au sérieux par les forces alliées fut reçu… après le déclenchement de la bataille, le 17 décembre! Il s'agissait des ordres donnés par le *II.Jagdkorps* pour la journée du 17 décembre, stipulant notamment que les forces aériennes devaient appuyer dans la matinée les efforts menés par les 5e et 6e armées. Le rapprochement fut vite fait avec les 5e et 6e armées blindées. On avait ainsi enfin localisé avec certitude cette fantomatique réserve blindée du Reich, donnant du même coup toute son ampleur à l'assaut terrestre que subissaient les divisions américaines dans les Ardennes depuis la veille.

Theux
Juslenville
Oneux
Polleur
Pont-de-Polleur
Neufmoulin
Royompré
Bois de Royompré
Sassor
Chinru
Marché
Sasserotte
Bansion
Berpey
Tiège
Sart
Priesville
Arzelier
Jevoumont
Spixhe
Cheneux
La Haye
Staneux
Artespine
Wayai
Becco
Hez de Far
Hestroumont
Bois de Rohaimont
Heid de Spa
Prefayhai
Nivezé
SPA
Les Combles
Praineux
Bois Faghe
Winamplanche
Creppe
Hoctaisart
Le Thier de Staite
Géronstère
Vert-Buisson
Vieux Pasay
Desnie
Basse-Desnie
Bois de Lesbioles
Malchamps
Hautes-Nilinpont
Chevroumont
Neuville
Bois Lafreuster
Cour
Ruy
Moulin-du-Ruy
Monthouet
Bois de la Surète
Hellimont
Moustier
Roanne
Roanhouse
Bois de la Borzeux
Amermont
Rouat
La Gleize
Stoumont
Xhierfomont
Cheneux
Renardmont
Erlinchamps
STAVELOT
Challes
Moncea
Grand Coo
Cour

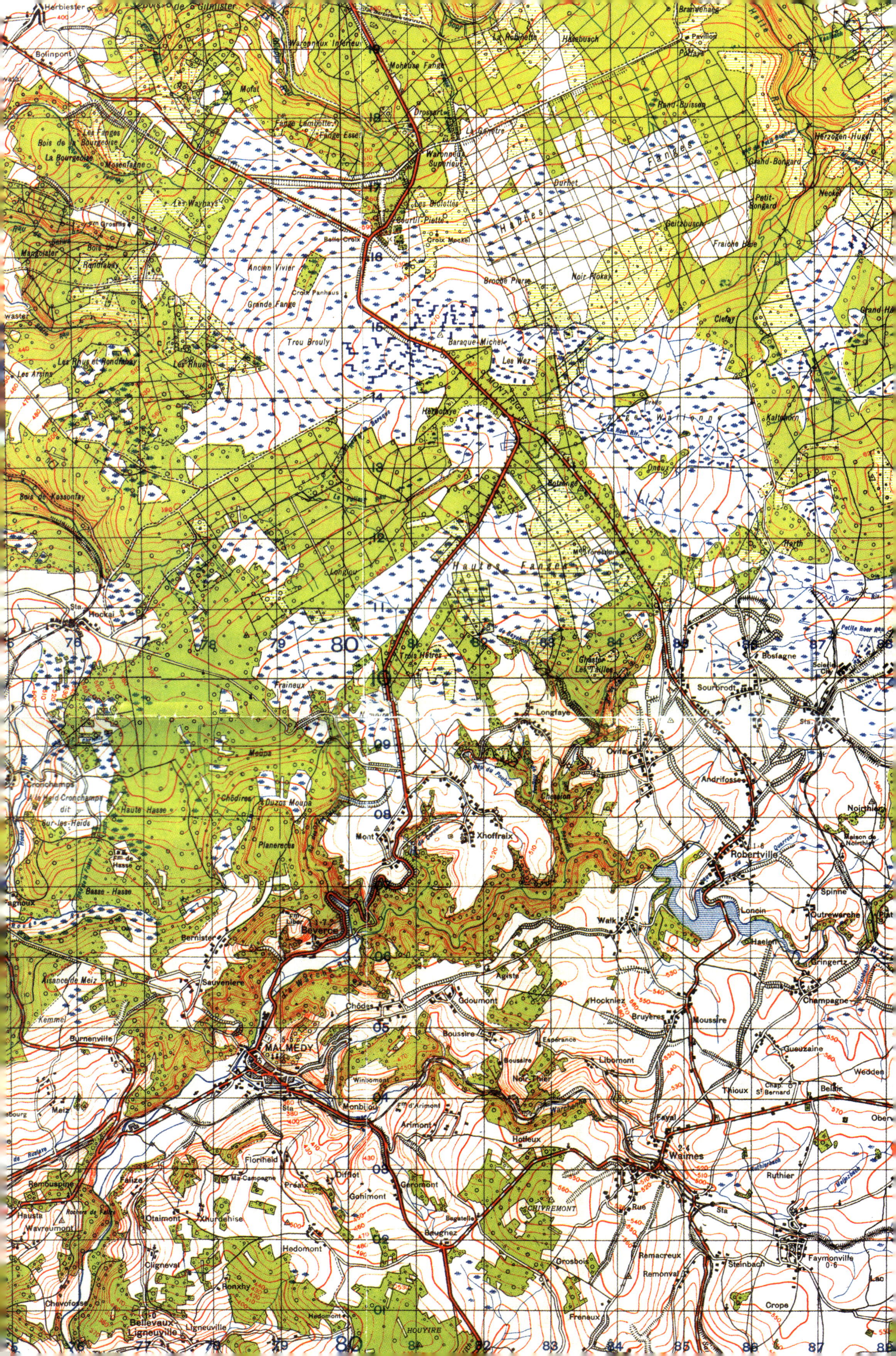

Herbiester
Bolinpont
Mofat
Fange Lamborté
Fange Essel
Bois de la Bourgeoise
La Bourgeoise
Les Wayhays
Ancien Vivier
Grande Fange
Trou Brouly
Belle Croix
Croix Panhaus
Les Rhus
Les Arsins
Bois de Kossonfay
Brandehaag
La Robinette
Hasbusch
Pavillon
Rond-Buisson
Drossart
Warrimont Supérieur
Durhet
Fagnes
Herzogen-Hügel
Grand Bongard
Petit Bongard
Neckel
Les Biolettes
Gourtil-Piette
Croix Meckel
Brochè Pierre
Noir Flokay
Fraiche Haie
Clefay
Baraque-Michel
Les Wez
Kaltborn
Herbofaye
Botrange
Hautes Fagnes
Longlou
Hockai
Trois Hêtres
Les Tailles
Bosfagne
Sourbrodt
Longfaye
Ovifat
Andrifosse
Moupa
Chôdires
Duzos Moupa
Planereces
Haute Hasse
Basse - Hasse
Mont
Xhoffraix
Robertville
Noirthier
Spinne
Outrewarche
Loncin
Haelen
Walk
Bernister
Bévercé
Sauvenière
Agister
Gourmont
Chôdes
Boussire
Esperance
Hockniez
Bruyères
Moussire
Libomont
Gueuzaine
Champagne
Burnenville
MALMEDY
Winbiomont
Monbijou
Arimont
Noir Thier
Thioux
Chap. St Bernard
Belair
Weddes
Meiz
Floriheid
Préaux
Géromont
Faymonville
Waimes
Faymonville
Steinbach
Remacreux
Remonval
Grosbois
Freneux
Crope
Hedomont
Otaimont
Cligneval
Bellevaux
Ligneuville
Chevofosse
HOUYIRE

1. Vers le Grand Coup !

Belgique, automne 1944, ces mécanos d'un *Squadron* de la *9th Air Force*, installés sur les ailes des P-51 Mustang, guident leurs pilotes lors d'un départ matinal en mission.

Dans nos consciences, la Bataille des Ardennes rime avec neige, brumes, froid, brouillard et temps bouché. S'il est vrai que la neige ne s'est pas invitée dès les premiers jours de l'offensive, il est non moins vrai que le temps, certes mauvais, n'a pas empêché en permanence, tant s'en faut, toute activité au-dessus de ces Ardennes disputées de haute lutte entre Allemands, Américains et Britanniques. Bien au contraire, nous nous proposons de montrer au lecteur combien la lutte dans les cieux y fut acharnée, que l'activité aérienne nocturne y fut aussi une réalité et que cette campagne regroupe même un certain nombre de superlatifs pour qualifier l'engagement aérien qu'elle engendra.

En outre, au-delà du ciel ardennais allaient se dérouler toute une série d'opérations, côté allié, visant à nuire par tous les moyens à la bonne marche de l'offensive allemande en cours, en s'attaquant notamment aux réseaux de transport conduisant aux arrières du front allemand face aux Ardennes. Une opération de cloisonnement

Un homme du *834th Engineer Aviation Battalion* nettoie avec son Caterpillar un champ en vue de l'installation d'un aérodrome de campagne à Saint Trond, Belgique, en octobre 1944.

menée par les forces de bombardement alliées, y compris les bombardiers lourds réquisitionnés pour l'occasion, preuve supplémentaire s'il en était besoin de l'importance de l'engagement aérien que suscita cette bataille des Ardennes.

Nous allons essayer de donner au travers des lignes qui suivent l'éclairage indispensable pour prendre en compte cette autre dimension de la bataille, beaucoup moins connue et documentée que les combats au sol. Car, son histoire a peut-être davantage souffert des brumes de l'Histoire que ses combats aériens des brumes de l'hiver 1944.

Disons-le dès maintenant, les préparatifs et les objectifs de cette offensive du côté allemand et la réaction américaine ont eu des conséquences incontestables sur le déroulement de la bataille terrestre mais aussi sur le cours de la guerre aérienne au-dessus de l'Europe de l'Ouest dans son ensemble.

Côté allemand, il convient de restituer le contexte dans lequel va s'opérer l'appui aérien de l'offensive terrestre.

Au sein du Haut Commandement, les tensions sont vives. Hitler en effet ne cesse de fulminer contre une aviation de chasse qui ne peut pratiquement rien contre les raids qui, tous les jours, anéantissent un peu plus l'Allemagne et son potentiel économique vital pour poursuivre la guerre. Göring n'est plus que l'ombre de lui-même et sa *Luftwaffe* est devenue une des cibles favorites du Führer lors des conférences journalières sur la situation militaire et les autres représentants de la *Luftwaffe* ne sont guère mieux traités, quand ils ne sont tout simplement pas persona non grata à ces mêmes conférences. Le chef de l'Allemagne est même allé jusqu'à brandir la menace de l'arrêt pur et simple de la production de chasseurs au profit de la Flak qui semble, elle, toujours tant redoutée par les Alliés au travers des éléments d'information issus de la presse alliée et qui parviennent au Quartier Général allemand.

Dans ce contexte tendu à l'extrême, Adolf Galland, le chef de la chasse allemande, a réfléchi à une opération devant permettre à l'Allemagne de respirer un peu en frappant un grand coup contre les bombardiers américains de la puissante *8th US Army Air Force*.

Cette opération, d'ailleurs nommée *« Der Grosse Schlag »*, le Grand Coup, consistait à réunir et à lancer sur un seul raid américain près

Double page précédente : la carte qui est reproduite ici – une carte fournie par l'armée américaine – représente le bord du champ de bataille des Ardennes et montre le relief extrêmement difficile de la zone.

1. La *Luftwaffe* en possédait 3 700 en novembre 1944 grâce aux énormes efforts de la production dont un des axes avait été réorienté vers cette fabrication.

de 3 000 chasseurs afin de rendre possible la destruction de plusieurs centaines de bombardiers. On espérait que l'impact moral, matériel et humain d'un pareil coup suspendrait les assauts contre le potentiel économique de l'Allemagne. La *Luftwaffe*, possédait maintenant ces chasseurs[1] mais il fallait attendre le moment opportun pour les lancer à l'assaut de l'escadre aérienne alliée. Il était en effet indispensable de disposer notamment d'un temps absolument dégagé sur une vaste zone du territoire (car les pilotes de chasse allemands n'étaient pas formés au vol aux instruments) et il convenait d'essayer de maximiser ce que l'on pouvait attendre de pilotes si rapidement formés et manquant pour la plupart presque totalement d'expérience.

En effet, même si les apôtres acharnés du bombardement stratégique avaient fait fausse route, côté américain et britannique, quant à leur assurance de mettre à genoux le IIIe Reich par les seuls bombardements intensifs, leur offensive aérienne avait atteint un objectif collatéral majeur, à savoir la destruction de la chasse allemande. Ainsi, après avoir tout d'abord progressivement privé les théâtres d'opérations de leur couverture de chasseurs, ceux-ci étant toujours plus appelés à la rescousse contre l'assaut perpétuel lancé sur le cœur de l'Allemagne, les pertes enregistrées contre la *8th USAAF* avaient atteint des niveaux plus qu'inquiétants.

Le taux d'attrition des machines et des pilotes lancés contre les B-17 et les Mustangs était tel que le niveau d'expertise des pilotes allemands avait fondu comme neige au soleil. La situation en carburant ne permettant plus par ailleurs une formation poussée comme avant, l'écart entre les pilotes des chasses américaine et allemande n'avait fait que se creuser davantage.

Ainsi, pour rappel, en 1942, un pilote de chasse allemand passait 210 heures en vol avant d'intégrer sa formation de combat. Ce chiffre était passé à 112 heures dont seulement 34 passées sur un avion identique à celui en dotation dans les formations de combat en 1944.

À la même époque, l'expérience moyenne des pilotes de la *9th USAAF* était estimée à 100 heures de vol en conditions de combat en plus de la formation dispensée aux États-Unis. Fin 1944, un pilote allemand lancé au front avait donc passé entre 30 et 50 heures dans un avion de combat en formation alors que le pilote américain en avait passé lui près de 225.

Si l'on ajoute à cela une moins bonne qualité du carburant pour aviation (degré d'octane plus faible) et de nombreux problèmes techniques liés, comme pour les chars, à l'emploi de

À la fin de l'été 1944, ces P-47 Thunderbolt « Razorback » d'un *squadron* du *404th Fighter Group* de la *9th Air Force*, marquent leur point fixe avant le décollage. La poussière soulevée par les formidables pales du plus gros chasseur-bombardier monoplace américain de la Seconde Guerre mondiale brouille la vue des mécanos qui assistent à l'épisode à l'écart de la piste provisoire.

La boue se révèle être un adversaire coriace et inattendu pour les chasseurs-bombardiers de la *9th Air Force* comme en témoigne ce P-38 qui s'est enfoncé dans le sol, le long des « runways » de cet aérodrome de campagne de la *9th Air Force*.

Avec un plafond bas et une visibilité souvent réduite à zéro, les P-47 de la *9th Air force* s'en prennent aux unités allemandes. Ces chasseurs-bombardiers de la *9th Air Force* photographiés quelques minutes avant le décollage sont armés d'une bombe de 500 livres sous chaque aile et d'une autre, plus petite, de 260 livres sous le fuselage.

main-d'œuvre forcée et à une diminution des effectifs du personnel de contrôle, on comprend mieux la réflexion du *Feldmarschall* Sperrle, commandant de la *Luftflotte 3* à l'été 1944 qui déclarait qu'un pilote de chasse allemand n'avait plus derrière lui qu'entre 8 et 30 jours de combat à son actif.

Autre illustration de cet appauvrissement de l'expérience des pilotes allemands en cette fin de guerre, 32 % des pertes enregistrées par la chasse allemande au premier semestre de l'année 1944 étaient dues à des causes n'ayant rien à voir avec le combat aérien. Le ratio de pertes avait ainsi dérivé jusqu'à s'établir à cinq chasseurs allemands pour la perte d'un seul chez les Américains. Il faut citer ici des chiffres très explicites : de janvier 1941 à juin 1944, la *Luftwaffe* avait perdu 31 000 hommes d'équipage. De juin 1944 à octobre de la même année, en cinq mois seulement donc, elle en avait perdu 13 000 supplémentaires ; on était donc passé de pertes moyennes mensuelles de 756 hommes à 2 600 ! Autre chiffre très parlant en lui-même, de janvier à mai 1944, la *Luftwaffe* avait perdu 2 262 pilotes de chasse représentant l'effectif total de ses pilotes engagés au front.

C'est dans ce contexte qu'une première répétition du Grand Coup eut lieu le 2 novembre 1944 lors d'un raid qui avait pour but le complexe d'essence synthétique de Leuna. Les Allemands engagèrent 490 chasseurs dont 300 réussirent à établir le contact avec les 1 174 bombardiers et 968 chasseurs d'escorte. Le bilan fut accablant pour les Allemands : 120 machines abattues et 70 pilotes perdus pour « seulement » 40 bombardiers et 16 chasseurs.

Hitler perdit alors complètement confiance dans le projet d'Adolf Galland car il ne voyait pas comment, avec de tels ratios de pertes, il allait être possible de détruire 300 à 500 bombardiers en une seule et même journée, même au prix de la perte, assumée, d'un nombre conséquent de chasseurs et de pilotes.

L'échange ci-dessous, extrait des conférences journalières au Grand Quartier Général de Hitler est parlant à ce sujet. Il s'adresse au général Christian et au major Büchs puisque le chef d'état-major de la *Luftwaffe*, le général Kreipe, est toujours écarté de ces réunions.

Le sujet : l'échec de la répétition du Grand Coup du 2 novembre (afin de mieux comprendre l'échange qui suit, même si 56 appareils américains furent abattus, les Allemands pensaient en avoir abattu 82, 50 par la chasse et le reste par la Flak) :

BÜCHS. — Il y avait deux *Sturmgruppen*.

HITLER. — Avec en tout ?

BÜCHS. — Avec en tout 63 appareils, dont 61 ont pris contact avec l'ennemi.

HITLER. — D'accord, 61.

8th UNITED STATES ARMY AIR FORCE

Lieutenant General James H. Doolitle

FIRST BOMB DIVISION

Major General Robert E. Williams

1st Combat Bomb Wing

91st Bomb Group, 381st Bomb Group, 482nd Bomb Group

40th Combat Bomb Wing

92nd Bomb Group, 303rd Bomb Group, 305th Bomb Group, 306th Bomb Group

41st Combat Bomb Wing

379th Bomb Group, 384th Bomb Group

94th Combat Bomb Wing

351st Bomb Group, 401st Bomb Group, 457th Bomb Group

67th Fighter Wing

20th Fighter Group, 352nd Fighter Group, 356th Fighter Group, 359th Fighter Group, 384th Fighter Group

Independent Units

Special Operation Group
459th Fighter Training Group
Radio Countermeasures Squadron
Night Leaflet Squadron

SECOND BOMB DIVISION

Major General William E. Kepner

2nd Combat Bomb Wings

389th Bomb Group, 445th Bomb Group, 453rd Bomb Group

14th Combat Bomb Wing

44th Bomb Group, 392nd Bomb Group, 491st Bomb Group

20th Combat Bomb Wing

93rd Bomb Group, 446th Bomb Group, 448th Bomb Group

96th Combat Bomb Wing

458th Bomb Group, 466th Bomb Group, 467th Bomb Group

65th Fighter Wing

4th Fighter Group, 56th Fighter Group, 355th Fighter Group 361st Fighter Group, 479th Fighter Group
(5th Emergency Rescue Squadron)

Independent Units

496th Fighter Training Group

THIRD BOMB DIVISION

Major General Earle E. Partridge

4th Combat Bomb Wings

94th Bomb Group, 385th Bomb Group, 447th Bomb Group, 486th Bomb Group, 487th Bomb Group

13th Combat Bomb Wing

95th Bomb Group, 100th Bomb Group, 390 th Bomb Group

45th Combat Bomb Wing

96th Bomb Group, 388th Bomb Group, 452nd Bomb Group

93rd Combat Bomb Wing

34th Bomb Group, 490th Bomb Group, 493rd Bomb Group

66th Fighter Wing

55th Fighter Group, 78th Fighter Group, 339th Fighter Group G, 353rd Fighter Group, 357th Fighter Group
(5th Emergency Rescue Squadron)

Independent Units

7th Fighter Photographic Group (R)

Le *Major General* Hoyt Vanderberg, commandant de la *9th Air Force*, au centre, entouré de deux de ses officiers commandant de *Fighter-bomber groups* quelque part en Belgique. À gauche, le colonel Howard F. Nichols et, à droite, le colonel Clinton C. Wassem.

Insigne en tissu des *Army Air Forces*. (Collection paticulière.)

BÜCHS. — Ils ont abattu 30 bombardiers.

HITLER. — Ce qui fait qu'il nous en reste 20. Si vous retirez ces 60 appareils des 305 (engagés), il nous reste 240 chasseurs. Donc, ces 240 appareils ont abattu 20 bombardiers en tout et ont eux-mêmes perdu… 30 chasseurs dans les *Sturmgruppen* ?

BÜCHS. — Oui, 30 dans les *Sturmgruppen.*

HITLER. — Et le reste en a perdu 90. Nous avons donc 240 sorties avec 90 pertes pour 20 appareils ennemis abattus.

CHRISTIAN. — Un point supplémentaire : les *Sturmgruppen* avaient un groupe supplémentaire avec eux pour assurer leur couverture.

HITLER. — Je n'en ai rien à faire ! Le groupe de couverture doit également tirer (sur les bombardiers). Il n'y eut pas que des bombardiers d'abattus ; il y eut également des chasseurs d'escorte.

BÜCHS. — Oui, c'est clair.

HITLER. — Alors le résultat est notoirement insatisfaisant. C'est un résultat misérable.

Automne 1944. Le *Mary Rose II*, un chasseur bombardier P-38 de la *9th Air Force*, est en cours de ravitaillement par les mécanos et les armuriers d'un *Squadron* de soutien sur un aérodrome de fortune, au sud de la Belgique. Les personnels au sol luttent contre la montre pour renvoyer les « Jabos » harceler les troupes allemandes.

Une *Box* de B-17 G du *532th Bomb Squadron* du *381st Bomb Group* en route vers leur objectif sur l'Allemagne.

J'ai lancé 260 (sic) chasseurs et n'ai obtenu que 20 victoires. Donc si j'en envoie 2 000, j'aurais 200 appareils ennemis abattus. je ne peux donc pas compter sur ces machines et elles sortent à des cadences infernales des usines. Elles ne font juste que consommer matériaux et main-d'œuvre.

Même si les pertes subies lors de ce 2 novembre avaient été accablantes pour une seule journée de combat, ce ne fut malheureusement pas, pour la *Jagdwaffe*, la fin de la série noire : 21 novembre, 62 pilotes tués ou blessés, 26 novembre, 87, 27 novembre, 51.

Mais Hitler avait de toute façon un autre Grand Coup à jouer, à sa façon.

Pour mener à bien ce plan, qui exigeait une obéissance et un dévouement sans faille, ce ne fut pas le bouillonnant Galland qui fut choisi mais un autre pilote, riche d'une tout autre expérience, le *Generalmajor* Dietrich Peltz, âgé de trente ans, et non plus un homme de la chasse mais un officier issu des bombardiers.

Le Grand Coup de Galland devait maintenant s'effacer devant la volonté d'Adolf Hitler d'apporter un appui maximum à son offensive à venir.

La mission était à la hauteur de celle confiée aux troupes au sol : majeure et au-delà des forces de l'Armée de l'Air allemande de l'époque.

Il lui fallait en effet tout à la fois protéger les forces au sol en interdisant l'espace aérien au-dessus des Ardennes à tout avion allié et attaquer les aérodromes des *9th USAAF* et *2nd TAF* pour éliminer à la racine la menace que

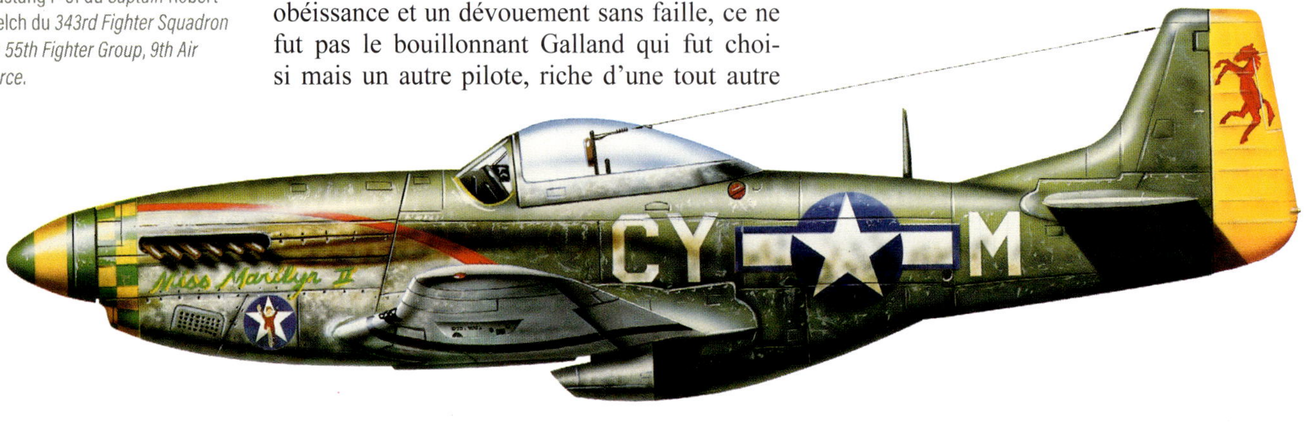

Le *Miss Marilyn II* est le P-51 Mustang P-51 du *Captain* Robert Welch du *343rd Fighter Squadron* du *55th Fighter Group, 9th Air Force*.

Chasseur à réaction Me-262 du *JG 7* sur un terrain allemand, probablement au début du mois de décembre 1944.

Le chasseur allemand Messerschmitt Me-262, plus souvent utilisé comme bombardier que comme chasseur pur, demeure le meilleur appareil à réaction de la Seconde Guerre mondiale. Il ne pèsera pourtant que peu dans l'issue des combats audessus des Ardennes.

faisaient peser les Jabos. Il fallait aussi apporter un appui air-sol aux troupes engagées dans la percée. Seul problème quant à ce dernier point, il n'y avait presque plus de pilotes expérimentés dans l'attaque au sol à cette époque de la guerre et encore moins en nombre suffisant pour une offensive de cette ampleur. Seuls seraient disponibles les hommes et les appareils Fw-190 F-8 du *SG4*[2] et *NS*[3] *Gr 20* ainsi que les vieux Stukas Ju-87 D des *NS Gr 1* & *2*, trop obsolètes et vulnérables pour être employés de jour.

Conscient néanmoins des limites de la *Luftwaffe*, l'ordre de Model, commandant de la *Heeres-Gruppe B* (*HG B*: Groupe d'Armées B) en charge de l'offensive des Ardennes, en date du 11 décembre, décrivait ainsi les missions de l'aviation :

1. Appui de l'attaque de la *HG B*.
2. Reconnaissances quant aux mouvements des réserves ennemies, notamment motorisées.
3. Couverture aérienne des percées blindées, des voies de communication et des zones de préparation.
4. Attaques des bases alliées proches du front.
5. Pour l'appui au sol, vu le nombre limité d'appareils aptes à réaliser ce type de mission, celui-ci sera limité aux points clefs et les bombardements de nuit seront restreints à l'attaque des carrefours principaux, sous réserve de bonnes conditions météorologiques.

En dépit des vicissitudes qui frappaient durement la *Luftwaffe* en cette fin d'année 1 944, les forces rassemblées étaient tout de même impressionnantes. La *Luftflotte West*, dont le QG se situait à Limbourg, regroupait ainsi douze *Geschwader* de chasseurs avec quarante *Gruppen*. Cela représentait 2300 avions, dont 65 à 75 % se trouvaient en état de voler; il s'agissait là tout de même de la plus grosse concentration de moyens de la guerre. D'autant que, même si l'on était loin des promesses initiales en la matière, les 42 Me-262 de *la KG (J) 51*, en version bombardier, et les 16 Arado Ar-234 de la *III.KG 76* allaient être de la partie. Pour les bombardiers, arme remisée depuis quelque temps déjà en raison des priorités accordées à la chasse et à la gourmandise excessive en carburant de ce type d'appareils, il ne fallait compter que sur les 22 Ju-88 et Ju-188 de la *I.KG*[4] *66* et les 45 Ju-88 des *I.* et *II.Gruppen* du *LG*[5] *1*. Bien loin des centaines de B-17 que représentait

2. *Schlachtgeschwader*.
3. Unités d'attaque au sol nocturne.
4. *Kampfgeschwade*r.
5. *Lehr-Geschwader*.

maintenant chaque raid allié journalier de la *8th USAAF* sur le Reich.

Pour renforcer encore un peu plus la mesure de l'implication de l'ensemble de la *Luftwaffe* dans l'opération à venir, Göring lui-même, tout en ordonnant que les préparatifs soient achevés pour le 27 novembre, déclarait qu'il participerait personnellement à la conduite de l'offensive aérienne, chose devenue rare depuis bien longtemps.

L'appui de la *Luftwaffe* ne se cantonnait pas aux cieux ardennais puisque les troupes de Flak étaient de tout temps restées rattachées aux services du *Reichsmarschall*[6].

Le *Generalleutnant* Pickert allait ainsi y diriger pas moins de 47 batteries lourdes et 51 moyennes ou légères. Les batteries lourdes allaient ainsi aligner 120 exemplaires du si redouté 88 mm. (Dans le plan de Hitler, ces batteries devaient jouer un rôle majeur dans la protection antichar du nord du front, en protection de l'aile droite de l'avancée de la 6e Armée blindée de Dietrich.)

De son côté, Galland reçut, dès la mi-novembre et avec l'amertume que l'on peut imaginer, l'ordre de préparer les unités de chasse à une participation au front en appui d'une grande opération au sol, *Bodenplatte*. À l'énoncé du nom de code Hermann + date + heure, l'attaque des bases alliées devait être lancée. Il eut beau faire valoir que l'entraînement reçu par les pilotes consistait à attaquer des bombardiers et non à détruire des cibles terrestres, rien n'y fit.

En termes de préparatifs, seuls les *JG 300* et *301* seraient laissés en arrière pour la défense du Reich. Les autres seraient mis à la disposition de la *Luftflotte West* et on avait même rappelé pour l'occasion trois *Gruppen* de Fw-190 de Russie.

Afin de se coordonner avec les troupes au sol, une unité de liaison serait placée au sein de chaque *Panzerdivision*.

Rassemblement des assaillants

Les différentes unités gagnèrent, pour la mi-décembre, des aérodromes situés à l'ouest et au plus près du front qui allait s'ouvrir dans les Ardennes dans quelques jours. Les vols s'effectuèrent à très basse altitude, en maintenant un silence radio absolu. D'autre part, afin de ne pas écorner le secret régnant autour de toute l'opération, des opérateurs étaient restés en arrière simulant le flot continu de messages des formations là où elles se trouvaient quelques heures encore. À contrario, sur leurs nouveaux aérodromes, les formations étaient tenues à respecter le même silence radio que durant le vol afin de ne pas dévoiler leur présence à l'ennemi. Le 14 décembre, les commandants des unités qui allaient être engagées furent convoqués près d'Altenkirchen, au Quartier Général du *II.Jagdkorps* où le général Peltz les tint informés des différents points concernant leur mission prochaine, et notamment l'attaque surprise

LUFTWAFFENKOMMANDO WEST
Generalleutnant Josef Schmidt

II.JAGDKORPS
Generalmajor Dietrich Peltz

- **JG1** (3 Gruppen)
- **JG3** (3 Gruppen)
- **JG6** (3 Gruppen)
- **JG26** (3 Gruppen)
- **JG27** (3 Gruppen)
- **JG77** (3 Gruppen)
- **JG 54/IV** (1 Gruppe)

JAGDABSCHNITT MITTELRHEIN
Oberst Hannes Trübenbach

- **JG2** (3 Gruppen)
- **JG4** (3 Gruppen)
- **JG11** (3 Gruppen)
- **JG53** (3 Gruppen)
- **JG 54/IV** (1 Gruppe)
- **SG4** (3 Gruppen)

3.FLIEGER-DIVISION

- **LG 1**
- **KG51**
- **KG 66**
- **KG 76**
- **NSGr 1**
- **NSGr 2**
- **NSGr 20**
- **NJG3**

6. À noter que sur les 2 304 500 hommes dans les rangs de la *Luftwaffe* au 15 décembre 1944, 596 250 étaient membres d'équipage ou liés aux tâches administratives ou au sol alors que 816 200 étaient rattachés à la Flak.

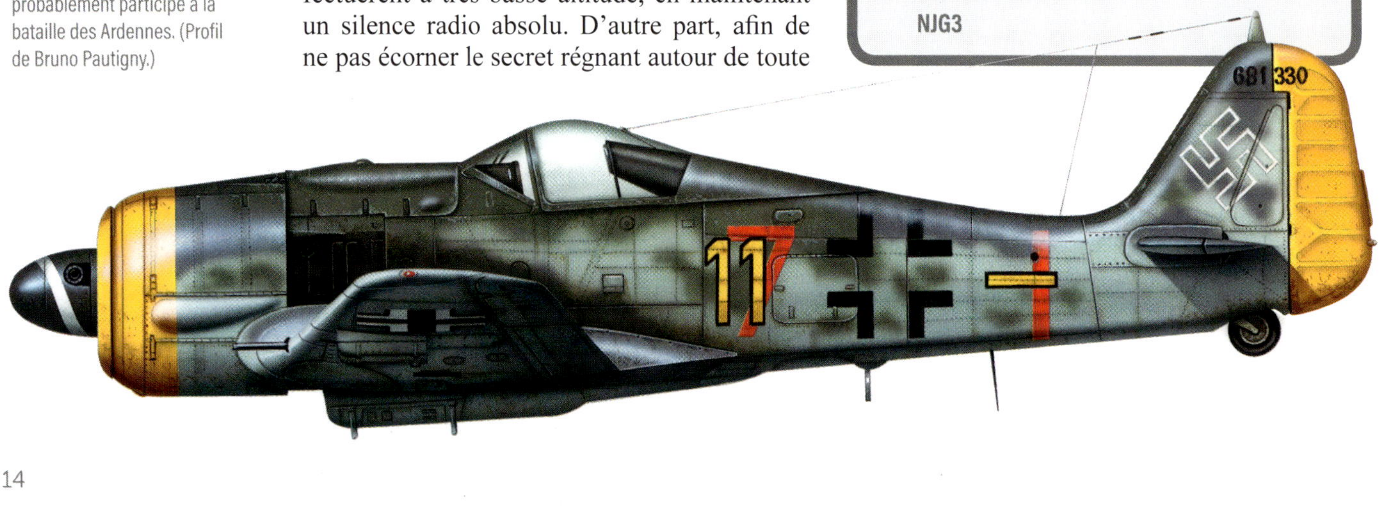

Chasseur Fw-190 F-8, unité inconnue, Allemagne hiver 1944-1945. Cet appareil a probablement participé à la bataille des Ardennes. (Profil de Bruno Pautigny.)

9th UNITED STATES ARMY AIR FORCE

IX BOMBER COMMAND
- **97th Bombardment Wing** (Light)
- **99th Bombardment Wing** (Medium)
- **98th Bombardment Wing** (Medium)

IX TACTICAL AIR COMMAND
Support tactique de la 1st US Army
- **70th Fighter Wing**
- **71st Fighter Wing**
- **84th Fighter Wing**
- **67th Reconnaissance Group** (P-51/P-38)

XIX TACTICAL AIR COMMAND
Support tactique de la 3rd US Army
- **100th Fighter Wing**
- **354th Fighter Group**
- **303d Fighter Wing**
- **36th Fighter Group**
- **406th Fighter Group**
- **10th Reconnaissance Group**

IX TROOP CARRIER COMMAND
- **50th Troop Carrier Wing**
- **52nd Troop Carrier Wing (C-47/C-53/C-46)**
- **53rd Troop Carrier Wing**
- **IX Troop Carrier Pathfinder Group**

IX AIR SERVICE COMMAND

IX ENGINEER COMMAND

IX AIR DEFENSE

Le *Major General* E. R. Quesada (à droite), commandant du *9th Tactical Air Command*, est ici accompagné de son adjoint chargé des opérations , le colonel Gilber Meyers. Ils sont en tournée d'inspection sur la route de Saint-Vith après les bombardement de décembre 1944.

simultanée d'un grand nombre de bases aériennes alliées dans le but de détruire un maximum d'appareils adverses au sol.

16 décembre : Bodenplatte est reportée

Le 16 décembre, en raison des conditions de vol épouvantables qui clouent au sol l'aviation des belligérants, Peltz se voit contraint de reporter l'opération d'attaque des bases aériennes alliées, ce qui ne sera évidemment pas sans conséquence sur la suite des événements car l'effet de surprise sera irrémédiablement perdu.

Seul, à 21 h 00, un groupe de 50 à 60 avions d'attaque au sol apparurent en cinq vagues au-dessus du 5e Corps US, lançant des fusées éclairantes et mitraillant la zone de Montjoie. Eupen fut quant à elle bombardée par quelques bombardiers allemands.

En conséquence, à 22 h 40, Peltz ordonna au *II.Jagdkorps* de soutenir les 5e et 6e Armées blindées dès le 17 au matin.

Cette photographie, prise après août 1944, met en scène des P-51 Mustang du *361st Fighter Squadron* de la *8th Air Force* lors d'une mission d'escorte de bombardiers au-dessus de l'Allemagne.

2. Enfer sur Anvers, les bombardement allemands par V-1 et V-2

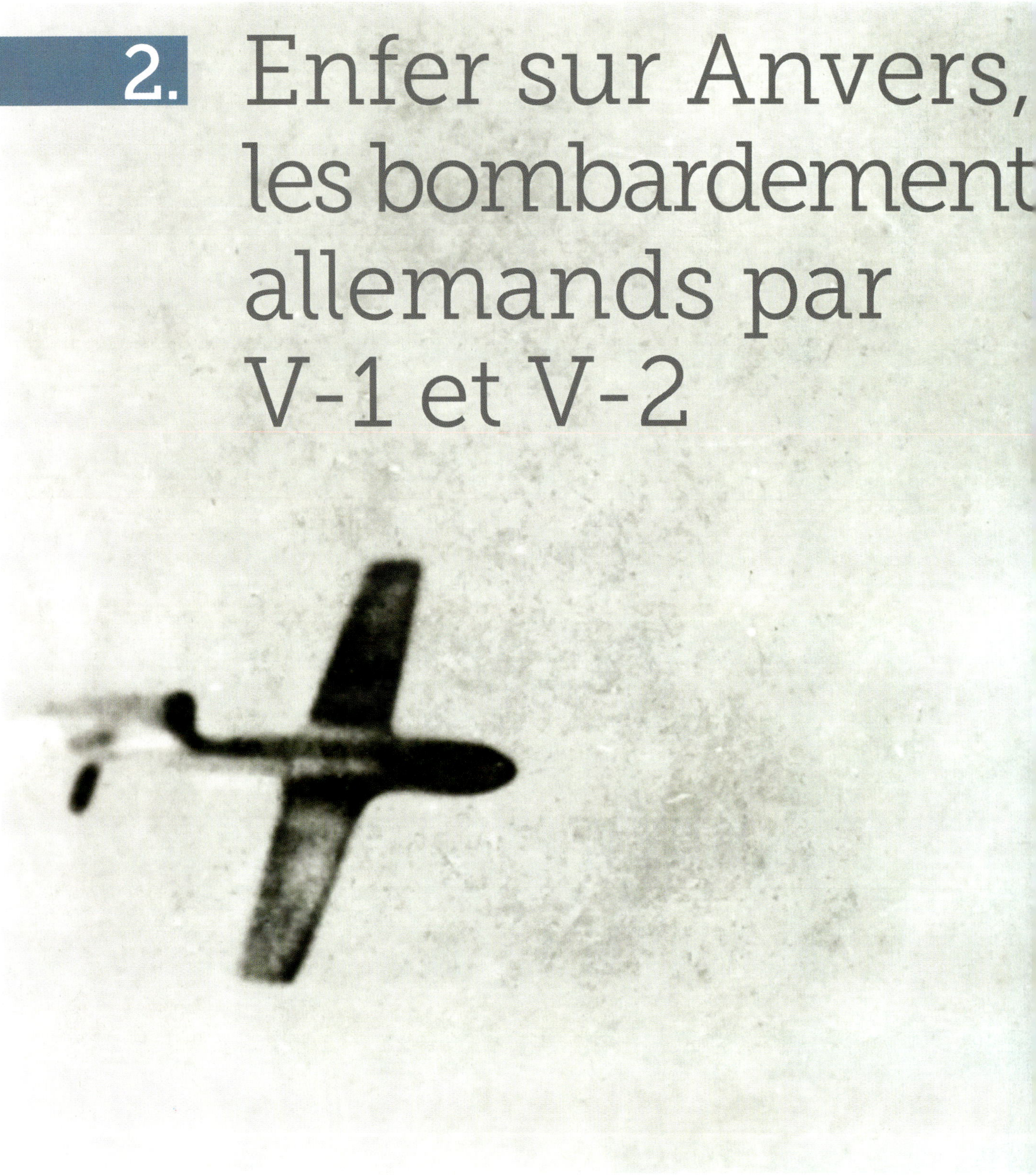

Un des milliers de V1 lancés sur Anvers. La Belgique fut la proie des armes secrètes de l'Allemagne : près de 3 140 V-1 seront envoyés sur Liège et plus de 150 tombèrent sur Bruxelles. Les V-1 feront en Belgique 14 758 victimes (3 736 civils et 947 militaires tués et 8 166 et 1 909 militaires blessés). *(Collection particulière, droits réservés.)*

Depuis longtemps déjà, les restrictions en termes de consommation de carburant et l'omniprésence de la chasse alliée avaient rendu inopérants les bombardiers allemands. De plus, cette arme, à l'exception du délicat He-177, n'avait jamais eu la priorité en termes de développement, contrairement à ses homologues américaine ou anglaise. Sa force de frappe, sans même parler de bombardement stratégique, était donc réduite à presque rien en cette fin d'année 1944.

Le IIIe Reich n'avait cependant pas attendu d'en être réduit à ces extrémités pour concevoir ses armes de représailles, les V-1 et V-2, pour tenter de maintenir la terreur au sein des populations de ses ennemis occidentaux, et notamment londoniens. Ce faisant, le régime allait consacrer des ressources considérables pour un résultat au final assez dérisoire mais cet aspect déborde très largement le cadre de ce chapitre.

La perte des bases de lancement du nord de la France mais surtout la perte du port d'Anvers,

tombé intact dans les mains des Britanniques dès début septembre 1944 allaient modifier de manière substantielle le choix des cibles de ces premiers missiles de l'Histoire.

Bien que le degré de précision de ceux-ci ait été encore plus qu'aléatoire, tant pour les V-1 que pour les V-2, il fut décidé de les rediriger en grande partie vers des cibles tactiques. Il était en effet de la plus haute importance de gêner par tous les moyens l'approvisionnement des armées alliées dans leur avancée vers les frontières du Reich. C'est pourquoi Hitler donna l'ordre, le 12 octobre 1944, de concentrer les tirs des V-2 sur Londres, certes toujours dans un but de terreur, mais aussi sur Anvers et plus précisément sa zone portuaire. L'intérêt de cette cible fut renforcé à la mi-décembre car ces bombardements devaient soutenir l'offensive des Ardennes dont la prise d'Anvers était l'objectif ultime.

Nota : le bombardement d'Anvers s'étale sur une période bien plus longue que celle de la bataille terrestre des Ardennes. Cependant, celui-ci s'inscrit dans la même logique stratégique, à savoir enrayer l'approvisionnement des troupes alliées avant leur assaut sur le Reich. Par ailleurs, à bien des égards, il illustre pleinement une des facettes de la bataille aérienne qui eut lieu dans les cieux belges lors de la bataille terrestre.

Et les premiers V-2 tombèrent…

Le bombardement de la ville était opéré par le Groupe Nord, (articulé autour de la *SS-Werfer-Abteilung 500* et une batterie de l'*Art. Abt. 285*), dont les bases de lancement se situaient dans la zone de Burgsteinfurt en Allemagne. Le Groupe Sud, (*Art. Abt. 836*), quant à lui, tirait à partir de Merzig puis de Hermeskiel. C'est le 13 octobre que débuta le bombardement par V-2 de la ville. Cet impact inaugurait une période de 175 jours durant lesquels la ville allait être la proie de ces bombes volantes et qui devait lui faire mériter par la suite son triste surnom de « ville de la mort soudaine ».

La baisse de la fourniture d'oxygène liquide suite à la prise de l'usine de Wittringen par les forces américaines entraîna cependant une diminution momentanée des tirs en décembre. Néanmoins, du 14 décembre 1944 au 4 janvier 1945, pas moins de 100 V-2 en moyenne étaient tirés par semaine sur Anvers avec des pics allant jusqu'à 52 pour les journées des 23 et 26 décembre. Point important et malheureusement aggravant pour la cité belge, le taux d'échec de tirs était alors tombé à environ 9 %. Quand on sait qu'un V-2 était invulnérable, il n'y avait plus qu'à espérer en ses déficiences de guidage pour envisager échapper à l'impact.

Et malheureusement pour la ville belge, l'effort concentré des unités de lanceurs devait entraîner terreur, dégâts matériels et pertes humaines :

Certains quartiers de la ville d'Anvers sont transformés en véritables champs de ruines. À l'arrière-plan, on reconnait la sculpture surmontant les maisons de la Guilde sur la grand place de la ville. *(Collection particulière, droits réservés.)*

à la fin de 1944, Anvers avait été la cible de 924 V-2 ! (À la fin de la guerre, 1 610 V-2 auront été tirés sur la ville portuaire belge et 1 262 (ou 1 265 selon les sources) auront atteint la zone d'Anvers, à comparer avec les 1 402 tirés sur l'Angleterre dont 1 358 sur Londres). Quand on sait que la production des V-2 fut d'environ 6 400 unités et que 3 172 furent effectivement lancés, le bombardement d'Anvers prend toute son importance dans le rôle dédié à cette arme. Le dernier V-2 devait s'abattre sur la ville le 27 mars 1945, tiré par la *SS-Werfer-Abteilung 500* à partir de Hellendoorn.

Quelques minutes avant le lancement d'une arme de représailles V, l'équipe chargée de le faire décoller l'extrait de l'abri en béton où il était entreposé. *(Collection particulière, droits réservés.)*

Les Britanniques pensaient avoir célébré la fin du « Blitz » au début de 1944, mais la *Luftwaffe* n'en a pas fini avec Albion. Elle envoie sur l'Angleterre son arme secrète, un missile conçu pour réduire Londres en poussière

Aussi appelée « V-1 » par le chef de la propagande nazie Joseph Goebbels (Le « V » pour *Vergeltung*/représailles), la fusée est un avion sans pilote à centrale inertielle doté de demi-ailes et propulsé par un pulsoréacteur. Sa charge offensive est d'une tonne d'explosifs. Lancé par une catapulte à vapeur, il atteint la vitesse de 700 km/h et demeure difficile à atteindre. Son rayon d'action varie entre 240 et 320 km.

Malgré sa nature archaïque – l'idée d'un pulsoréacteur apparaît en 1908 et le pilotage automatique est une technologie de la Première Guerre mondiale – ce n'est pas la conception du V-1 qui pose problème aux *SS*, mais l'endroit où il est produit. À l'usine KdF, la production des fusées V-1 est très perturbée par les incessants bombardements alliés.

Cette situation pousse Porsche à chercher un nouvel emplacement moins exposé pour construire le V-1. Une usine souterraine est installée à Nordhausen. En mars 1944, Ferdinand Porsche évoque avec le *Reichführer-SS* Heinrich Himmler la nécessité de disposer d'une main-d'œuvre importante pour creuser les tunnels et assembler le V-1. 3 500 déportés et prisonniers de guerre lui sont envoyés. Avec une nouvelle usine et une main-d'œuvre « fraîche », la production du V-1 reprend rapidement. Les bombardements alliés détruisent de nombreuses stations de lancement et Porsche est alors chargé de construire un V-1 doté d'un rayon d'action bien plus important et d'une vitesse légèrement supérieure à 800 km/h.

Ferdinand Porsche et ses ingénieurs trouvent la solution en dotant le missile, le Type 300, d'un turboréacteur. Ce V-1 n'a jamais officiellement volé, la fin de la guerre est arrivée trop tôt pour cela.

Bientôt imités par les V-1

Les V-1 avaient dû quitter leurs sites de lancement vers l'Angleterre situés dans le nord de la France sous la pression des troupes alliées à la fin de l'été 1944. Pour cette seconde campagne de bombardement par bombes volantes, ce qui devait si bien fonctionner pour le camouflage des troupes au sol avant le déclenchement de Herbstnebel devait valoir aussi pour les rampes de lancement des V-1 qui, dans un passé récent, avaient dû subir de plein fouet la puissance des forces aériennes anglo-américaines n'ayant cessé de les traquer et de les matraquer.

De surcroît, les V-1 avaient fait l'objet d'une modification de taille : un composant avait été rajouté au système de guidage permettant au missile de procéder à un changement de direction au cours du vol vers sa cible. Ainsi les rampes n'avaient plus besoin d'être orientées vers Anvers systématiquement pour lancer et orienter correctement le V-1, rendant encore plus difficile leur repérage. Aucune des rampes situées dans les massifs forestiers de cette région à cheval entre la Belgique et l'Allemagne ne fut jamais repérée ni détruite.

La région présentait également de nombreux avantages : à portée d'Anvers, des repérages pour des installations de lancement déjà effectués et, enfin, une population allemande relativement clairsemée limitant les risques de pertes civiles occasionnées par les inévitables et nombreux crashes. Dès la mi-octobre une batterie de la *III.Flak-Regiment 155 W* s'y trouvait positionnée mais 226 des 329 V-1 alors stockés furent déclarés défectueux, entraînant des retards conséquents. Ce n'est donc qu'à partir de 7 h 23 le 21 octobre 1944 que débuta l'opération Donnerschlag. Dix jours plus tard, 410 V-1 avaient été lancés, 55 sur Bruxelles, 355 sur Anvers. À cette date, 8 sites de lancement se trouvaient désormais en Eifel.

En décembre 1944, 20 sites de lancement avaient été créés et 8 lanceurs érigés le long du Rhin mais leur proximité avec des zones plus densément peuplées de civils allemands les avaient finalement condamnés et les nouvelles aires de tirs furent délocalisées aux Pays-Bas où visiblement la proximité de civils néerlandais semblait nettement moins affoler les responsables allemands.

C'est à partir de ces nouvelles positions que deux bataillons entamèrent le 16 décembre 1944 leur campagne de bombardement d'Anvers tandis que la *III.Flak-Regiment 155 W* continuait le bombardement de Liège à partir de l'Eifel.

Le *Flak-Regiment 155 W* allait lancer le nombre impressionnant de 8 696 bombes volantes sur Anvers (3 141 sur Liège). Il est intéressant de noter ici que seules 4 248 atteignirent effectivement la région autour de cette ville, 2 759 pénétrant la ceinture antiaérienne. De ce nombre encore imposant, 1 766 furent abattues. En tout,

« seulement » 211 atteignirent la zone portuaire qui était la cible ultime de ces opérations.

Lutter contre la menace

Comme il a été souvent constaté, le V-1, de par sa vulnérabilité même et la possibilité de l'abattre accaparait bien plus de ressources alliées pour s'en prémunir que le V-2, tout simplement invulnérable. Ainsi, des contre-mesures importantes furent prises pour lutter contre le matraquage de la ville d'Anvers par ces missiles.

À la mi-octobre, soit à peu près au moment du lancement de l'opération *Donnerschlag*, trois *Groups* antiaériens du *9th Air Defense Command* avaient été déployés pour couvrir Anvers. En raison de l'accentuation très sensible du bombardement, ces moyens furent accrus et passèrent à deux brigades antiaériennes, quatre groupes, sept bataillons, deux bataillons d'armes automatiques, aidés par un régiment de projecteurs anglais à partir du début du mois de novembre. Le *Flying Bomb Command Antwerp X* fut créé le 10 novembre 1944 sous le commandement du *Brigadier General* américain Armstrong et regroupait près de 22 000 hommes. Montgomery lui avait donné l'ordre de parvenir à abattre la moitié des V-1 qui parvenaient jusqu'à la zone d'Anvers. Les trois ceintures antiaériennes mises en place parvinrent en effet à abattre 52 % de ceux-ci en décembre. (Le chiffre passerait à 72 % en février 1945).

La relocalisation d'une partie des lanceurs aux Pays-Bas surprit la défense antiaérienne d'Anvers qui dut faire face cette fois à des attaques en provenance de son nord-est. Le redéploiement des moyens antiaériens se révéla encore plus compliqué par le retrait précipité de sept des bataillons de défense aérienne affectés initialement à la ville et mobilisés pour parer la menace que faisait peser l'offensive terrestre allemande. Néanmoins, deux régiments britanniques de DCA lourde vinrent les remplacer. Il faudra attendre fin janvier pour que les Américains rétablissent leur réseau antiaérien autour de la ville. Il en sera d'ailleurs de même pour Liège, beaucoup plus proche encore du front, dont les unités antiaériennes furent converties en barrages antichars improvisés. La

Dans le ciel belge, un V-1 explose en plein vol, probablement victime d'un tir de DCA allié. *(Collection particulière, droits réservés.)*

Dans un champ à la lisière de la forêt ardennaise, des GIs et des civils belges viennent s'assurer que cette carcasse de V-1, probablement victime d'une panne de propulseur, ne représente plus de danger.

Page suivante : cette carte publiée après guerre témoigne bien de l'intensité des bombardements de V-1 et V-2 sur Anvers. Chaque point représente un impact de bombes volantes. Les points noirs symbolisent les explosions de V-1 ; les points bleus, les V1 ayant percuté sans exploser ; les points, rouges les V-2 ayant explosé et les points orange les V-2 tombé sans faire de dégâts. *(Collection particulière, droits réservés.)*

couverture de Liège ne retrouvera jamais son niveau d'avant l'offensive allemande.

Pour quels résultats tactiques ?

Des 1 262 V-2 tombés sur la zone d'Anvers, 598 s'abattirent sur la cité elle-même et 152 dans la zone portuaire, n'y infligeant que des dégâts modérés. L'épisode le plus tragique de ce bombardement intervint le jour du lancement de l'offensive terrestre des Ardennes, le 16 décembre, lorsqu'un V-2 explosa sur le cinéma REX, tuant 561 personnes et en blessant 291 autres.

Dans ce genre de bombardement aveugle, ce fut bien sûr la population civile qui paya le tribut le plus lourd. Les V-1 causèrent ainsi 8 333 tués et blessés. Les pertes militaires s'élevaient quant à elles à 1 812 soldats. Des 14 758 victimes recensées en Belgique, Anvers représentait donc 69 % du total. Liège complétant pour la majeure partie ce triste tableau.

Un V 2 sur sa rampe de lancement. Cette photographie, prise lors des essais des premiers prototypes, témoigne assez mal de la fluidité des mises en oeuvre postérieures. Hitler est persuadé que l'impact de la plus puissante de ses *Wunderwaffen* va inverser le cours des événements. *(Collection particulière, droits réservés.)*

Entre le début des attaques des armes V et la fin de 1944, la cité d'Anvers, son port et ses faubourgs (soit 500 000 âmes environ en 1944) eurent à déplorer 590 impacts, détruisant 884 maisons, en rendant 1 200 autres inhabitables et 6 000 autres bâtiments sévèrement endommagés plus 23 000 endommagés à différents degrés.

Pour le « grand Anvers », certaines estimations donnent 628 V-1 et 570 V-2 comme impacts dont 227 V-1 et 285 V-2 sur décembre 1944 et janvier 1945.

Dans le port lui-même, l'activité ne s'arrêta jamais et les milliers de dockers déchargeaient inlassablement le précieux ravitaillement, maintenant si près de la ligne de front. Un navire fut coulé par un impact direct de V-2 et 16 autres furent endommagés. Les installations pétrolières furent touchées à deux reprises, les voies de triage plusieurs fois et l'écluse de Kruisschans également. L'activité du port ne s'en ressentit jamais véritablement et les dommages étaient vite réparés compte tenu de l'importance vitale du port. Les civils qui y étaient employés recevaient une prime de risque pour pallier cette menace d'une mort qui pouvait tomber du ciel à tout moment, et parfois sans prévenir.

En conclusion, on peut affirmer que le IIIe Reich, qui ne possédait plus les moyens de bombarder ses adversaires, eut recours, en employant des ressources considérables, à des moyens technologiques à la pointe de la recherche de l'époque mais qui pouvaient, au mieux, servir à terroriser la population par la menace aveugle et imprévisible qu'ils représentaient. Utiliser ces armes à des fins tactiques représentait une gageure tant les technologies de l'époque ne permettaient en aucun cas d'espérer atteindre l'ambitieux objectif fixé : nuire à la noria du ravitaillement alliée, sans même parler de l'interrompre grâce à des tirs suffisamment précis. Enfin, et heureusement pour les villes victimes de ces bombardements, les charges explosives emportées par ces bombes volantes ne pouvaient en aucun cas rivaliser avec un raid massif de bombardiers conventionnels comme ceux qui étaient quotidiennement menés par la *RAF* ou la *8th USAAF* au-dessus de l'Allemagne et les dégâts et pertes occasionnés, aussi cruels fussent-ils, ne pouvaient pas non plus soutenir la comparaison.

Supermarine Spitfire Fr. Mk XIV du *Wing Commander* R.C. Wadell du *No 39 Wing* (*16, 69* et *140 Squadrons*), Eindhoven, décembre ou janvier 1945. Les Spitfire Mk XIV et Mk XII sont deux des rares appareils, avec le Gloster Meteor, le Tempest ou le Mustang, à pouvoir rivaliser en vitesse avec les V-1, première condition pour pouvoir espérer abattre les bombes volantes sur leur trajet. (Profil Bruno Pautigny.)

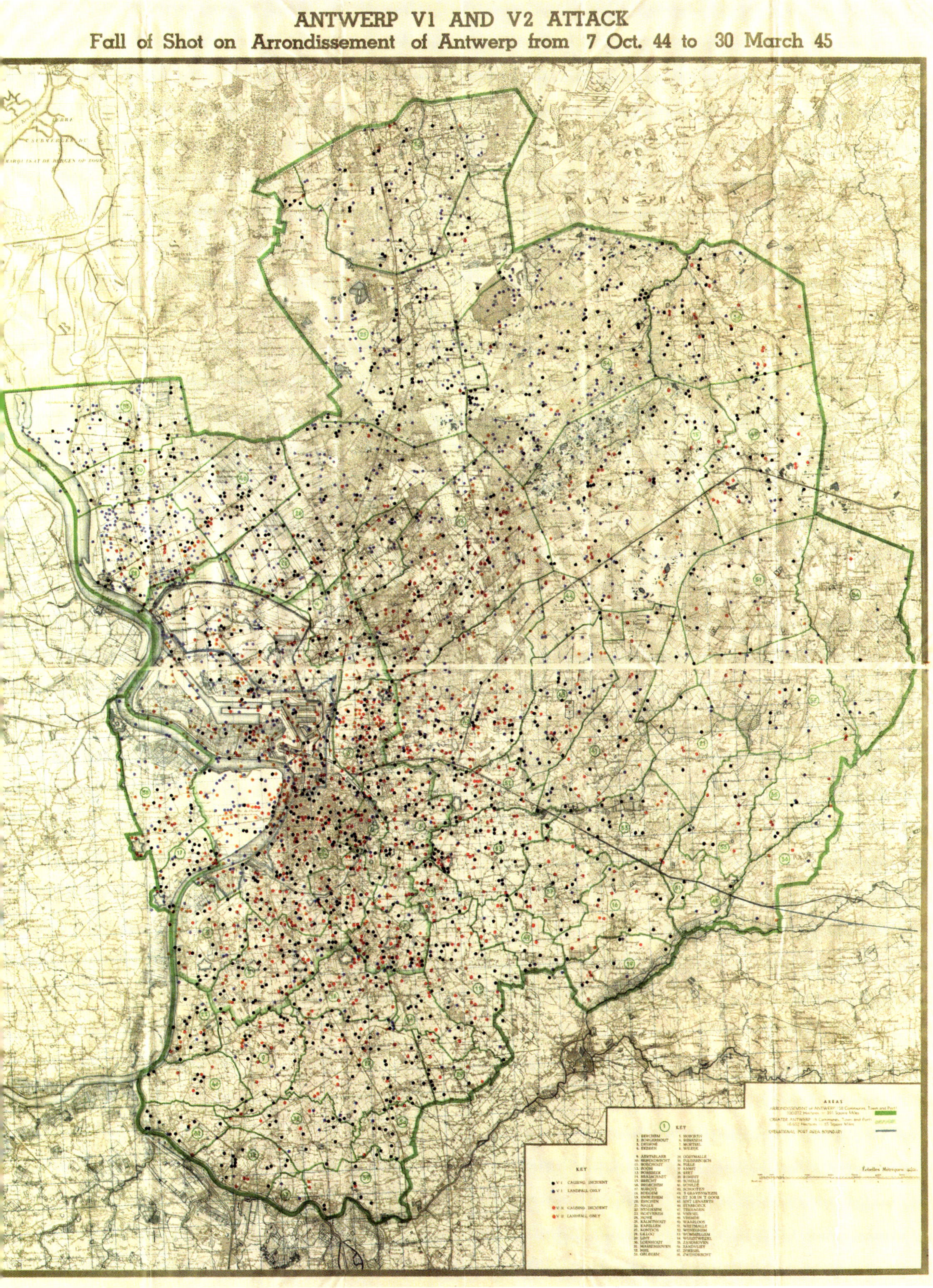
ANTWERP V1 AND V2 ATTACK
Fall of Shot on Arrondissement of Antwerp from 7 Oct. 44 to 30 March 45

3. Le début de l'offensive

Un Douglas A-20 Havoc de la *9th Air Force* en mission au-dessus de l'Allemagne est accueilli par la Flak défendant tous les objectifs potentiels des unités de bombardements tactiques.

17 décembre : le tâtonnement

La *Luftwaffe* allait effectuer ce jour le plus grand nombre de sorties depuis le débarquement des Alliés en Normandie.

La journée commença par le premier largage de parachutistes de nuit de la *Luftwaffe*. Cela devait également être le dernier largage d'une unité parachutiste de cette taille de toute la guerre côté allemand.

Côté américain, le *365th Fighter Group* devait mener des opérations d'appui au sol au profit notamment de la *78th US ID* entre Montjoie et Düren, bien loin de se douter du drame qui se passait sous l'opacité des nuages recouvrant la zone des Ardennes.

Le contrôleur au sol de la *78th US ID* ne leur indiquant pas de cible, le major Motzenbecker descendit pour une recherche à basse altitude et ce qu'il vit l'effara : les routes au sud de Montjoie étaient couvertes de véhicules, au moins 150 dont beaucoup de chars. Il s'agissait là de la *Kampfgruppe Peiper* qui regroupait en

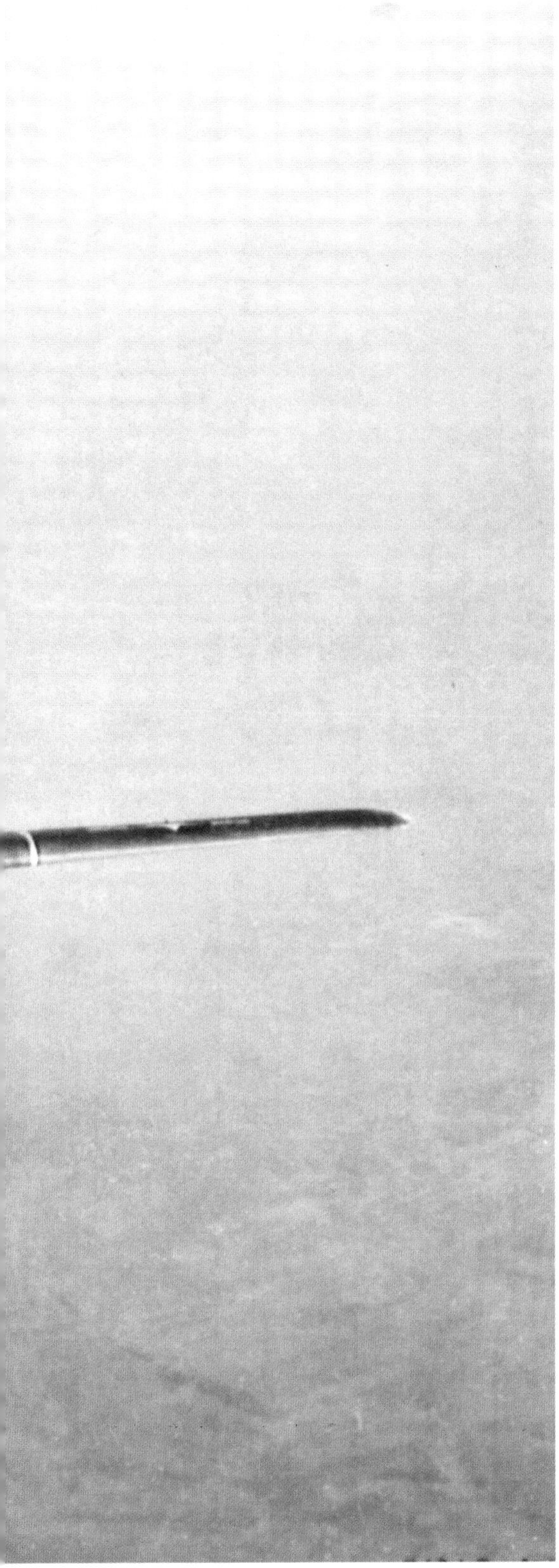

son sein la majeure partie des éléments offensifs de la 1re division blindée *SS*, *Leibstandarte Adolf Hitler*, et qui attendait que s'ouvre enfin à elle la route de la percée. La *KG* ne tarda pas à ouvrir le feu et le temps que les renforts que le major avait demandés arrivent, les Allemands s'étaient dispersés dans les bois et avaient mis en batterie leur Flak légère. Les P-47 entreprirent cependant le mitraillage et lâchèrent leurs bombes de 500 lb. Le P-47 du *Lt* Mc Carthy fut d'ailleurs abattu à cette occasion. Le *388th Squadron* prit alors la relève, suivi d'une

Toujours au-dessus de l'Allemagne, cette splendide photo de P-38 J Lightning d'une unité de « Jabos », en route vers son objectif, le long d'une voie ferrée, est prise depuis un autre appareil de la formation.

troisième vague à 12h59. Celle-ci prit alors pour cible, entre Montjoie et Simmerath, les convois des *326.* et *272.VGD*, perdant un autre P-47 et déclarant avoir cette fois détruit 60 véhicules. Au total, les pilotes du *367th Fighter Group* déclarèrent avoir détruit 107 véhicules dans ces différentes actions.

La *KG Peiper* n'en avait pas fini avec ces jabos puisqu'elle subit une nouvelle attaque vers 13h40 au voisinage de Büllingen durant laquelle elle perdit quelques véhicules dont un Wirbelwind.

Les appareils du *JG 26* prirent les airs dans des conditions pénibles par un temps couvert, des pluies ou des averses de neige balayant les aérodromes allemands en ce 17 décembre matin. Ils n'en interceptèrent pas moins huit P-38, *428th Squadron*, *424th Fighter Group*, qui venaient de bombarder une zone au nord-est de Saint-Vith, en abattant quatre.

Le *430th Squadron* accomplit sa mission de bombardement au nord de Trèves et réussit à se défaire de 16 Me-109 en revendiquant la destruction de 7 d'entre eux.

Des engagements comme ceux-ci furent nombreux en ce 17 décembre. Le *JG 27* abattant 16 avions (validé par les chiffres de la *9th USAAF*).

Le *JG 4*, le *JG 3*, le *JG 11* ou encore le *JG 2* étaient également dans les airs, ce dernier devant apporter son soutien à la 6e Armée blindée en essayant de détruire une position d'artillerie à l'Ouest de Montjoie pour finalement être interceptés par 15 P-47 au-dessus de Krinkelt.

Mais le manque d'expérience des jeunes pilotes allemands se payait au prix du sang comme lors de cet engagement à l'Est de Saint-Vith où le *JG 4* perdit 10 pilotes tués et trois autres blessés face au *362nd Fighter Group*.

Cette fois, ce sont des B-26 de la *9th Air Force* qui sont photographiés au-dessus de leur cible, la voie ferrée à Euskirchen, au moment où les bombes des premiers appareils ont atteint le sol. À droite, le noeud ferroviaire et les bâtiments de la bourgade avant l'arrivée des vagues de « Marauders ».

Les attaques au sol qui parvenaient à se réaliser, notamment entre Losheimergraben et Montjoie, une fois les P-47 évités, n'avaient guère de valeur tactique mais représentaient plutôt une gêne et insinuaient un doute certain dans l'esprit de GIs qui se trouvaient, pour la plupart, pour la première fois confrontés à ce type de situation, si désagréablement habituelle chez les Allemands.

En ce 17 décembre, la *9th USAAF*, dès 10 heures du matin, avait attribué 12 de ses 14 groupes de chasse au *IXth TAC* dans le but de repousser l'ennemi qui s'y montrait si agressif. Le mauvais temps empêcha cependant la plupart des vols. La IXe Division de Bombardement resta quant à elle clouée au sol. Le *XIth TAC* opéra 105 sorties mais aucune au-dessus des Ardennes.

Les missions de reconnaissances aériennes envoyées sur zone connurent des succès mitigés car elles se heurtèrent toutes d'une part à la mauvaise visibilité mais aussi à la chasse allemande en force sur la zone. Les quelques éléments qu'elles rapportèrent indiquaient cependant une très forte poussée allemande, avec de longues colonnes dans la région de Düren ou encore en direction de Saint-Vith. Patton de son côté demanda au capitaine Bishop du *12th Tactical Reconnaissance Squadron,* qui lui avait été attaché à son QG de Nancy, de personnellement aller faire une reconnaissance au-dessus du Luxembourg. Il y parvint et ce qu'il en ramena n'était pas bon : des troupes au sol inférieures en nombre, contraintes au repli, d'autres encerclées dans des villages, une avance généralisée de l'ennemi dans le nord du Luxembourg. Suite à ce rapport, Patton, sachant que Bishop n'était pas du genre à exagérer, appela directement Bradley pour lui demander une entrevue dès le lendemain matin.

Sur les 647 sorties de chasseurs-bombardiers de la *9th USAAF* ce jour-là, seulement 90 eurent lieu au-dessus du champ de bataille des Ardennes. Beaucoup d'autres, qui avaient été programmées pour s'y rendre, durent faire face aux chasseurs allemands qui les engagèrent à l'ouest du Rhin. En tout, 1 070 sorties de chasse pure avaient été envoyées au-dessus des Ardennes. En cela, et malgré le coût élevé de ces combats, la *Luftwaffe* en ce 17 décembre avait en partie atteint son objectif quant à l'interdiction du champ de bataille. Il faut dire aussi qu'elle avait maintenu au-dessus des Ardennes quelque 500/600 chasseurs, soit le double de ce que connaissait habituellement l'ensemble du front ouest ! Elle gênait ainsi considérablement les missions d'appui sol que les Américains avaient réussi à monter car la présence de ses chasseurs qui engageaient les P-47 obligeait ces derniers à lâcher leurs bombes de façon prématurée pour faire face à leurs agresseurs.

Model et la *HG B* reconnaissaient d'ailleurs dans leur rapport cet état de fait, assez exceptionnel pour y être mentionné : *« Sur l'ensemble du front, il n'y eut qu'une activité de reconnaissance et de bombardement limitée de la part de l'ennemi. Un soulagement considérable fut rendu possible par l'engagement d'unités de chasse allemandes au-dessus de la zone d'attaque ».*

Ce défi lancé à la toute-puissante armée aérienne américaine s'était malgré tout soldé par la perte de 55 pilotes tués et 24 autres blessés. Le tout pour la destruction de 16 appareils américains.

La tombée du jour n'apporta pas pour autant le calme dans les cieux obscurcis de ce front des Ardennes.

Ultra réussit à intercepter et déchiffrer l'ordre de mission de la *Luftwaffe* pour la nuit : *« Ordres du* II.Jagdkorps, *nuit du 17 au 18 décembre : soutenir la 6e Armée blindée dans son attaque en couvrant son flanc droit par des attaques de harcèlement sur les routes, les voies de chemin de fer et les communes de Sittard – Aix-la-Chapelle, Eupen – Liège – Maastricht. Objectif: ralentir les mouvements alliés.* »

18 décembre : le pari allemand sur le mauvais temps se confirme

La météo du 18 restait déplorable avec un plafond très bas. Néanmoins, Quesada était déterminé lui aussi à empêcher les Allemands à progresser. Après avoir lancé des vols de reconnaissance infructueux bien que guidés par les radars MEW et SC 584, une patrouille, en prenant des risques de vol énormes parvint à repérer une colonne d'environ 60 véhicules. Les Américains envoyèrent dès lors jusqu'à 17 heures sept vagues de quatre avions chargés chacun de deux bombes de 500 lb. Les appareils étaient guidés vers la cible par tous les radars dont Quesada disposait. Les P-47, une fois sur place, ne pouvaient rien voir en raison du brouillard. Ce n'est que lorsque le major Browning prit le risque insensé de piquer à travers qu'il se retrouva pour ainsi dire nez à nez avec la colonne de la *KG Peiper*, 20 pieds au-dessus d'elle. Il s'extirpa alors pour demander à d'autres P-47 de le suivre et le capitaine Wells parvint à placer une bombe au milieu de huit panzers. Les avions se succédaient et la colonne fut la proie de ces adversaires jusqu'en fin d'après midi. La colonne avait ainsi été harcelée sur toute sa longueur, de Lodometz à Cheneux, en passant par Stavelot.

À Cheneux, c'est au moment même où l'avant-garde de la *KG* passait le pont que les jabos surgirent. Un P-47 fut abattu mais deux Panther et une dizaine d'autres véhicules avaient été détruits. Mais bien au-delà des pertes subies, les deux heures de perdues avaient permis aux hommes du *291st Engineer* de détruire le pont sous le nez de l'avant-garde allemande et, au lieu de s'élancer vers la Meuse, Peiper dut faire demi-tour vers la Gleize

Pour leur part, les bombardiers moyens s'attaquaient à différents villages de manière à essayer de ralentir le flot allemand en entravant les colonnes de ravitaillement de la 6e Armée blindée ; ainsi 165 d'entre eux appartenant à

Un P-47 de la *9th Air Force* est péniblement extrait de sa gangue de neige et de boue à l'aide des tracteurs et des chèvres manipulés par les personnels au sol de l'armée de l'air américaine.

Focke Wulf Fw-190F-8 de la *5./SG 2*, Allemagne, début 1945. La livrée de cet appareil est des plus originales, la plus grande partie des surfaces étant laissée métal nu, seul l'extrados des ailes et des stabilos reçoit un camouflage apparemment composé des gris RLM 74 et RLM 75. (Profil Bruno Pautigny.)

Messerchmit Me-262 A-1 « **Schwalbe** » du *JG7 Nowotny* du *Gruppenadjutant* (adjoint au commandant d'unité). Le *Kommando Nowotny*, devenu *JG7*, est la première unité à être équipée de ce fabuleux chasseur-bombardier en octobre 1944. Cet appareil est armé, sous la partie avant du fuselage, de deux lance-roquettes WGr 21. (Profil Bruno Pautigny.)

Séance de « Straffing » le long d'une route ardennaise à la fin de l'automne 1944. La colonne de véhicules allemands n'a pas résisté bien longtemps au passage des Lightning ou des Thunderbolt de la *9th Air Force* lancés à ses trousses.

la *IX Bombardment Division* larguèrent 274 tonnes de bombes au-dessus d'Harpenscheid, Hellenthal, Blumenthal et Dreiborn. La météo, cependant, ne permettait qu'un bombardement en aveugle sur ces cibles. Malgré la mauvaise visibilité, les cibles furent touchées et des témoins rapportèrent que le trafic routier fut réduit à une seule voie sur certaines routes et que la route vers Schlieden fut momentanément coupée. Cette dernière ville fut par ailleurs prise pour cible le 19, le 24 et le 27 et tout trafic cessa jusqu'à ce que les ruines soient déblayées. À noter également le succès en ce 18 décembre, qui consista à détruire le QG du *LXVII.AK* du général Hitzfeld, succès obtenu de surcroît grâce aux équipements de guidage pour du bombardement sans visibilité, procédé reçu l'automne dernier et dont la maîtrise et la précision laissaient encore à désirer.

Pour leur part, les Britanniques n'étaient pas absents du ciel ardennais et avaient conduit, les 17 et 18 décembre, près de 327 sorties, surtout sur la partie nord de ce qui n'était pas encore le saillant des Ardennes. Au regard des 1 150 sorties de la *IXth USAAF*, cet apport n'était pas négligeable.

Sur la zone Malmédy–Düren, le *XXIXth TAC* de Nugent lança près de 53 tonnes de bombes sur des cibles ennemies. En fait il s'agissait surtout d'opérations d'interdiction.[1]

Malgré toute leur bonne volonté, les aviateurs alliés ne pouvaient faire de miracles par ce temps bouché et le nombre de sorties effectuées en ce 18 décembre ne fut que de la moitié de la veille, soit 500. L'assistance tant souhaitée à la *106th US ID* en très mauvaise posture ne put être effectuée faute de visibilité au-dessus de la zone.

Mais il n'y avait pas que l'aviation tactique, côté allié et la *8th USAAF* et le *Bomber Command* britannique allaient être appelés à jouer un rôle important tout au long des jours suivants. C'est ici que l'approche tactique du champ de bataille le cède à une approche plus stratégique.

Doolittle, en accord avec Spaatz et Eisenhower, réorienta de manière radicale sa *8th USAAF*, délaissant momentanément ces cibles habituelles au-dessus du Reich pour frapper les lignes de ravitaillement et de communication qui alimentaient l'offensive, juste à l'est des Ardennes.

1. À noter qu'en raison du temps, le *XXIXth TAC* ne put lancer que 58 avions du 19 au 22 décembre.

Automne 1944, sur une base aérienne en Belgique, les chasseurs-bombardiers Lockheed P-38 « Lightning » du *370th Fighter Group, 9th Air Force*, sont rangés devant les carcasses d'avions allemands détruits, ici un Me-410, au cours des raids aériens lorsque le terrain d'aviation était aux mains des Allemands. La supériorité aérienne des Alliés est probablement le problème le plus important pour les Allemands quand ces derniers planifient leur offensive.

Et c'est ainsi que décollèrent 985 bombardiers escortés par 773 chasseurs. Ils se dirigèrent vers Cologne, Coblence, Kaiserslautern, Ehrang, Mayence et Mayen pour y écraser les gares de triage et paralyser les mouvements ferroviaires en soutien de l'offensive. Les dégâts furent si importants que le *Luftgau VII* ordonna le 18 *« de transférer les unités ferroviaires de Flak pour empêcher de nouveaux et sérieux dommages au réseau ferré de l'Allemagne du sud vu l'escalade perpétuelle des attaques sur ces installations »*. Même si les 324 B-24 de la 2e division de bombardement avaient dû être rappelés en raison du mauvais temps, les B-17 des 1re et 3e divisions de bombardement lancèrent sur ces objectifs 1 087 tonnes de bombes. Le 19, 328 B-17 et B-24 retournèrent à Ehrang et Coblence sur lesquelles ils déversèrent encore 932 tonnes de bombes. Le nœud de communication routière à l'ouest de cette dernière cité fut aussi pris pour cible à cette occasion.

Pour leur part, les Allemands enregistrèrent 849 sorties en ce 18 décembre ; les Américains notèrent une agressivité en baisse de la part des pilotes qui, pour ce véritable second jour de l'offensive dans les airs et certainement aussi en raison des conditions météorologiques, étaient moins focalisés que la veille sur le soutien de leurs troupes au sol.

La *Luftwaffe* lança 150 appareils toutes les heures durant la matinée et le début d'après-midi, par formation pouvant compter jusqu'à 60 appareils. Malgré cet effort, la plupart des avions allemands opéraient dans une zone comprise entre Cologne, Düren et Munich. En effet, à partir de 12 h 30, les Alliés verrouillaient si bien l'accès au champ de bataille qu'il était difficile aux appareils allemands d'y parvenir. En outre, un certain nombre d'entre eux dut le déserter pour se porter aux devants de la *8th USAAF*.

Quoi qu'il en soit, Model notait qu'une *« forte activité des chasseurs-bombardiers ennemis se faisait sentir au front mais que la* Luftwaffe *appuyait les efforts des forces d'attaque avec un important appui de chasseurs et de chasseurs-bombardiers »*. Prix de cet effort, le *II.Jagdkorps* avait perdu 34 appareils ce 18 décembre.

Dans le périmètre de la 6e Armée blindée, le *II.Jagdkorps* avait envoyé 200 chasseurs en appui dans la zone Malmédy–Montjoie ainsi que des reconnaissances des ponts sur la Meuse par les AR 234 du *Kommando Sperrling*. Mais la plupart des chasseurs furent interceptés bien avant de pouvoir accomplir leur mission de couverture et de soutien des pointes blindées allemandes.

Dans la nuit, les Allemands lancèrent une quarantaine de sorties prenant pour cible les colonnes des *82nd* et *101st Airbornes* américaines[2] montant vers le front.

Model ne le savait pas encore mais jamais plus la *Luftwaffe* ne serait en mesure de monter des missions de support au sol sur une aussi grande envergure que durant ces deux jours passés.

Près de 250 sorties de chasseurs de nuit et d'avions d'attaque nocturne furent donc lancées sur les arrières alliés. Elles n'eurent cependant pas plus de portée que le terme de harcèlement qui avait été employé dans l'ordre et elles n'arrêtèrent nullement, ni cette nuit ni celles après, le flot qui commençait à se déverser en direction des Ardennes.

À noter que les problèmes de maintenance des P-61 de chasse de nuit, déjà peu nombreux, permirent aux Allemands de maintenir leurs actions

2. Là encore l'aide anglaise ne fut pas à négliger de nuit, surtout vu la pauvreté des moyens américains en la matière et du 22 décembre au 1er janvier, les Mosquito britanniques de la *2nd TAF* revendiqueront 15 Ju-88, 8 Ju-188, 3 Ju-87, 4 Me-110, un He-219 et un Me-410 pour la perte d'un seul Mosquito.

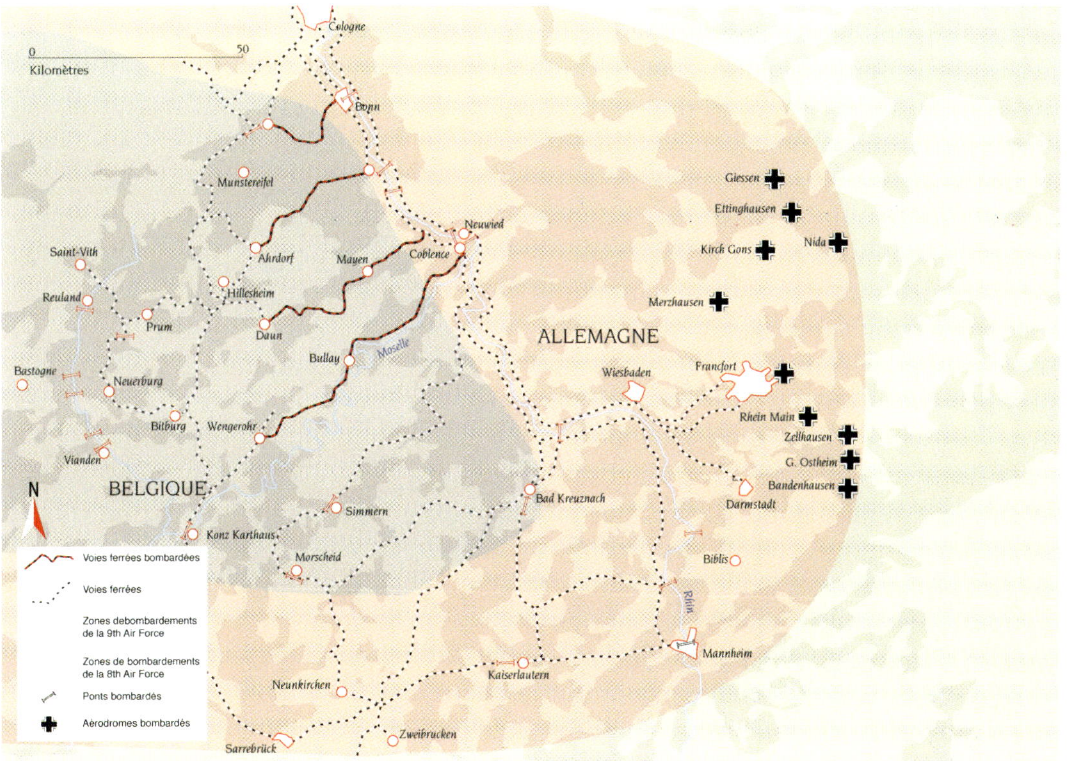

Cette carte indique les zones et les principales cibles des bombardements alliés sur la Belgique et l'Allemagne, avant et pendant l'offensive allemande dans les Ardennes. (Carte dessinée par JM Mongin.)

3. Ordre du *12th US Army Group*.

de bombardement nocturne tout au long de la bataille. Les *422nd* et *425th Night Fighter Squadrons* ne pouvant armer qu'entre 12 et 20 sorties par nuit.

Dans la nuit du 18 au 19 décembre, 73 Mosquito des *138th* et *140th Wings* de la *RAF* s'envolèrent vers les Ardennes dans le but d'attaquer les mouvements nocturnes allemands. Mais arrivés sur zone, avec un plafond parfois à 300 pieds, ils ne purent que constater leur impuissance. Leurs opérations ne devaient reprendre que le 23 décembre.

19 décembre

Alors que la conférence de Verdun, en ce 19 décembre, voyait une réorganisation complète du dispositif allié au sol, ce même jour était également synonyme de renforcement des moyens aériens au-dessus du champ de bataille ainsi que l'implémentation d'une stratégie construite en strates pour lutter efficacement contre l'effort allemand tant au sol que dans les airs.

Ainsi, Vandenberg transféra trois groupes de chasseurs qu'il affecta à la *XIXth TAC* de Weyland. Parallèlement, deux groupes de chasseurs Mustang furent retirés à la *8th USAAF* et furent affectés au front dans les Ardennes.

Cette arrivée massive de chasseurs permettait ainsi aux P-47 et autres Lightning de se dédier à leur mission principale, celle de chasseur-bombardier en appui au sol des troupes durement engagées.

La stratégie menée par Eisenhower visait à couper de ses bases l'offensive qu'il fallait contenir en avant de la Meuse : *« La priorité est donnée à la zone* (des Ardennes) *et au plan visant à l'interdiction et à la destruction de tout mouvement ennemi ayant pour but de soutenir la contre-offensive »* [3].

Dans ce plan, chaque élément des forces aériennes aurait son rôle à jouer : la *8th USAAF* et le *Bomber Command* devraient se porter sur les arrières du front de l'ennemi, à l'est du saillant, en engageant des cibles stratégiques, principalement ayant trait au réseau de communication de l'adversaire (ponts, gares de triage). On espérait que les effets de ces assauts aériens se feraient sentir sous 24 heures et auraient des conséquences palpables sur l'efficacité des troupes allemandes engagées dans l'offensive. Parmi les cibles, on comptait les gares de triage de Homburg, Kaiserlautern, Hanau et Aschaffenburg.

Un P-47 Thunderbolt « Razorback » de la *9th Air Force* rate son atterrissage et se « vautre » en bout de piste. Le décollage et les retours à la base de ce formidable chasseur-bombardier ne sont jamais choses aisées et les terribles conditions climatiques au sol en cet hiver 1944-1945, ne facilitent pas les manoeuvres.

Pour renforcer l'appui qu'apporterait la *8th USAAF* à la bataille, Spatz simplifia les procédures par lesquelles les bombardiers lourds de la *8th USAAF* pouvaient participer à des missions tactiques. La *9th USAAF* fut ainsi autorisée à passer ces demandes directement à la *8th USAAF*.

Dans le cadre de ces missions, et comme les Américains s'attendaient à un effort de grande ampleur de la part de la *Luftwaffe* une fois le beau temps revenu, il était prévu que les B-17 soient lancés sur les différents aérodromes d'où partiraient les chasseurs allemands. Une sorte de *Bodenplatte* et à la mesure de la puissance aérienne alliée.

La *9th USAAF*, avec ses bombardiers moyens, devait quant à elle interdire tout mouvement dans la zone de bataille à proprement parler par la destruction, notamment, des ponts d'Euskirchen, Ahrweiler, Mayen, Eller. Les gares de triages à détruire avaient également été définies avec un ordre de priorité (Pronsfeld, Prüm, Gerolstein, Junkerath, Hillesheim, Bitburg, Erdorf, Wittlich, Wengenrohr, Gemünd, Schleiden, Kall, Daun, Vianden, Neuerburg, Waxweiler et Lunebach.

Les points de passage de l'Our et de la Sûre étaient considérés avec la plus grande attention comme autant de goulets d'étranglements à interdire aux colonnes de ravitaillement allemandes, d'où le choix de bombarder également Echternach, Wallendorf, Vianden, Dasburg, Burg Reuland, Winterspelt et Seltz.

Afin d'exécuter avec le plus d'impact l'ensemble de ces missions confiées à la *9th USAAF*, la seconde division de bombardement de la *8th USAAF*, équipée elle-aussi de bombardiers moyens, lui fut affectée.

Aux unités de chasseurs-bombardiers incombaient trois missions : l'obtention de la suprématie aérienne au-dessus du champ de bataille, l'appui des troupes au sol et l'interdiction de tout mouvement sur les voies de communication, routes et voies ferrées, dans la partie la plus proche du front.

Le 19, la météo empêcha la concrétisation pleine et entière de ce plan, certes ambitieux, mais qui n'en était pas moins à la portée de cette colossale armada aérienne dont disposaient les Alliés.

En effet, l'assaut de la *9th USAAF* fut en grande partie réduit par une météo défavorable alors qu'en Angleterre, le brouillard ne se leva que

Au début de l'automne 1944, devant leur Douglas A-20 Havoc, surnommé « Hap-Hazard », les trois membres de l'équipage et les mécaniciens de l'appareil posent complaisamment pour le correspondant en visite sur leur base en France.

progressivement durant la journée. Ainsi, seulement 172 B-17 s'envolèrent vers leurs cibles au Luxembourg et la gare de triage de Coblence. Au même moment, 156 B-24 de la seconde division attaquaient différents objectifs en rapport avec sa mission dans la zone d'Ehrang.

Ce furent tout de même 932 tonnes de bombes qui s'abattirent sur le réseau de transport allemand passant par Glaadt, Schleiden, Bitburg, Blankenheim, Hillesheim, Kall, Gemünd, Kyllburg et Ehrang.

L'opposition de la *Luftwaffe* fut jugée légère durant ces raids ; et c'était tant mieux car, en raison des mauvaises conditions météo, les chasseurs d'escorte de la *8th USAAF* n'avaient pu décoller et accompagner les bombardiers.

L'aviation tactique, quant à elle, souffrait toujours des abominables conditions météo au-dessus des Ardennes. Ce jour-là, sur les 400 sorties réalisées, bien peu furent effectuées au-dessus des Ardennes. Pour celles qui s'y déroulèrent, de toute façon, il était impossible d'observer les résultats des attaques.

Seul fait notable en la matière, le bombardement d'Imgrenbroich par des P-38 Lightning et de la *326.VGD* qui s'y trouvait. Dans les jours suivants, les jabos assurant la complète maîtrise de la zone, il était devenu impossible aux grenadiers d'y passer de jour.

En raison du mauvais temps, la *Luftwaffe* ne se montra en effet guère plus active, avec 200 à

Cette très belle photographie en couleurs présente des P-47 Thunderbolt du *350th Fighter Group, 9th Air Force*, sur un terrain en France lors d'une belle journée ensoleillée de l'automne 1944.

Le *Lieutnant* Howard E. Cain du *367th Fighter Group, 9th Air Force*, le 11 décembre 1944, devant son appareil, un P-38 J olive drab et neutral gray, le « Killer Diller ». Remarquez les symboles de missions peints sur le bas de la nacelle.

Le « ballet aérien » à haute altitude, dans le ciel des Ardennes, est observé par une unité de DCA américaine.

250 sorties estimées par les Alliés le 19. D'ailleurs seuls deux appareils allemands furent mentionnés comme détruits par les chasseurs alliés plus « seulement » neuf par la DCA. 290 avions furent lancés en réalité pour des opérations de chasse aux jabos mais la plupart furent déroutés vers la zone de la *HG G* pour y contrer l'activité aérienne alliée qui s'y manifestait.

Cette activité devait encore chuter les 20 et 21 décembre avec 100 sorties estimées par « jour », la plupart de nuit d'ailleurs.

Le 19, la plus grande partie des raids de reconnaissance ordonnés par Patton ne rencontrèrent pas plus de succès en raison de la météo, le *15th TAC R*, réussit à voler 7 missions apportant parfois des informations à l'artillerie mais guère plus.

Mesure de l'intensité et de la faible formation de ses personnels, les pertes de la *Luftwaffe*, durant les deux premiers jours, s'établissaient à 65 pilotes.

20 décembre

Ultra allait apporter aux Alliés de précieuses informations, une fois de plus. En effet, ils interceptèrent et réussir à décoder le message envoyé le 20 décembre par la *6.Panzerarmee* indiquant que la *KG Peiper*, son avant-garde blindée, était bloquée à Stoumont, faute de carburant. De ce message, les Alliés pouvaient ainsi clairement déduire la localisation exacte de la principale menace au nord de leur front et en déduire que les Allemands étaient dans une situation très critique quant à leur ravitaillement en carburant. Ultra confirma ce dernier fait par le décryptage d'un autre message émanant de Göring et ordonnant l'immobilisation pure et simple de tout transport motorisé qui n'était pas absolument indispensable.

Toujours grâce à Ultra, ils savaient qu'il était interdit à la *Luftwaffe* de bombarder tout point de passage sur la Meuse ; on ne pouvait être plus clair quant aux intentions des Allemands pour l'usage futur qu'ils comptaient en faire.

Le 21, un dernier message indiquait que la 6e Armée blindée devait poursuivre vers la Meuse en passant par Elsenborn alors que la 5e Armée blindée devait passer par Marche pour atteindre la rivière. La 7e Armée devait quant à elle poursuivre l'établissement de son front défensif, au sud, au-dessus d'Arlon.

Malheureusement pour les Alliés, l'exploitation de ces précieux renseignements ne put être concrétisée à fond sur le plan du soutien aérien en raison, encore une fois, de la météorologie, toujours contraire à leurs intérêts. Le temps était même pire que la veille avec des brouillards épais au-dessus du champ de bataille avec une visibilité souvent inférieure à 500 mètres. Seules 191 sorties de l'aviation tactique furent enregistrées avec une impossibilité totale de juger de leurs résultats.

Les opérations aériennes des deux adversaires furent purement et simplement annulées. La *8th USAAF* ne put lancer une seule mission et ne les reprendrait d'ailleurs pas avant le samedi suivant, à savoir le 23.

La seule mission lancée par les « lourds » fut réalisée par 94 Lancaster du *Bomber Command*, en plein jour, escortés par 100 P-47 dans l'après-midi avec pour objectif Trêves et son centre ferré vital pour le ravitaillement de la 7e Armée. Les bombardiers larguèrent leurs bombes suivis par les chasseurs-bombardiers d'escorte qui rajoutèrent force napalm et phosphore ; néanmoins, aucun résultat ne put être observé.

En attendant le retour du beau temps, les Alliés peaufinaient leurs plans ; outre les différents points vus plus haut, il était essentiel d'apporter un soutien logistique par la voie des airs à la garnison assiégée de Bastogne tout en couvrant littéralement la zone de chasseurs-bombardiers pour paralyser au maximum toute velléité offensive de la part des Allemands sur cette zone.

Dans la nuit, le *Bomber Command* largua ses bombes sur Cologne et Bonn avec 234 sorties opérationnelles.

Les bombardements commençaient à faire sentir leurs effets au front et le commandant du LXXXVe Corps allemand indiquait à la date du 20 décembre que l'ensemble du réseau ferré entre le Rhin et le Luxembourg se trouvait hors service. La conséquence principale de cet état de fait fut qu'il fallut reporter le poids du transport logistique sur la route, monopolisant un peu plus les moyens motorisés à cette fin et puisant davantage sur les réserves en carburant.

Du côté de Bastogne, le *Captain* Travis gagna ce jour-là la Silver Star en réussissant, malgré les conditions météorologiques, à ramener à Patton une image claire des lignes américaines et allemandes du périmètre défensif de Bastogne.

Dans la soirée et la nuit du 23 au 24 décembre, les Allemands lancèrent 88 avions dans des missions de harcèlement : 32 sur Liège, 36 entre Sedan et Metz et le reste sur Bastogne. Bastogne fut ainsi bombardée par deux vagues de 12 Ju-88 du *LG 1*. Ce harcèlement, pour ce qui concerne Bastogne, devait durer toutes les nuits durant la semaine à venir.

Le 26 décembre, les opérations du *LG 1* inclurent des missions sur des cibles militaires à 10 km de la Meuse, entre Huy et Namur, au moyen de bombes antipersonnel.

Les missions nocturnes comprenaient également des vols de bombardement contre le réseau ferré ou dans la zone Aix-la-Chapelle–Eupen, contre le trafic routier allié. Les pilotes des Stuka D5 rapportèrent d'ailleurs qu'il était assez facile de larguer leur cargaison, 1 bombe de 1100 lb et deux à fragmentation de 500 lb , car les Américains roulaient tous feux allumés.

À l'inverse des jours, les nuits étaient claires et les Allemands profitaient de ce temps clément

LES APPAREILS MIS EN LIGNE PAR LA LUFTWAFFE AU 20 DÉCEMBRE 1944

Chasseurs monomoteurs : 1770

Avions d'attaque au sol : 155

Avions d'attaque au sol de nuit : 135

Chasseurs bimoteurs : 140

Avions de reconnaissance : 65

Bombardiers : 55

Avions à réaction : 40

Total : 2 360

Cet armurier installe les fusées sur les bombes incendiaires qui vont bientôt rejoindre les soutes des B-26 d'un *Bomb Group* de la *9th Air Force*.

Le *Lieutnant* Kunz, lui aussi du *367th Fighter Group*, est photographié devant son appareil, le « Napoleon's Delight 'Nin' », le 24 décembre 1944. Son « Nose Art », très évocateur, semble, en fait, être une toile peinte collée sur la nacelle de son P-38 J.

4. Les Allemands, pour leur part, avaient également remarqué cette amélioration venant de l'Est comme l'attestèrent des décodages d'Ultra prévenant le commandement allemand que le ciel serait clair dès le matin au-dessus des aérodromes allemands et qu'il fallait s'attendre à un engagement massif des forces aériennes alliées dès l'après-midi.

en plus de l'absence de réelle opposition de la part de leurs opposants de la *IXth USAAF*, tant les ressources de cette dernière en la matière étaient limitées. Leur impact était quasi nul sur le maelström qui se déroulait sous leurs ailes mais ces raids nocturnes furent une gêne et une menace constante pour les troupes alliées au sol.

La *2nd TAF* ne donna pas qu'un « coup de main » au travers de ses Mosquito de chasse de nuit, elle appuya également l'effort principal au travers de ses bombardiers moyens comme ce raid de 36 bombardiers au sud de Düren sur des concentrations de troupes ou les 220 sorties de jabos sur les transports dans la zone de Munster.

En guise de résumé de son action aérienne, durant la première semaine de combats, la *IXth USAAF* ne put accomplir, en raison du temps, que 2 818 sorties, dont seulement 1 800 environ au-dessus du champ de bataille des Ardennes, alors qu'elle disposait, pendant cette période, d'un potentiel moyen de 1 550 appareils.

Le 22 décembre

Le 22 décembre n'apporta malheureusement pas d'accalmie pour les Alliés en débutant par une tempête de neige, accompagnée des éternels brumes et brouillards.

En attendant que le temps s'améliore, Pete Quesada échafaudait ses plans suivant le développement de la situation au sol. Si les Allemands restaient contenus à l'est de la Meuse, ses chasseurs-bombardiers auraient comme mission prioritaire l'appui-sol aux troupes US engagées. Si, au contraire, la Meuse était franchie, il leur faudrait alors faire porter leurs efforts entre Givet et Namur pour couvrir tout mouvement par route.

Néanmoins, à Reims, au QG de la *IXth Bombardment Division*, ou plus exactement au sein de son service météo, un semblant d'espoir commençait à poindre. La pression barométrique semblait en effet remonter à l'est. C'est peu après minuit que le général Anderson fut réveillé et que son officier météo lui annonça *« Général, vous n'allez pas le croire mais le temps va être clair demain ! »*

Par ailleurs, dans la nuit du 22 au 23, ce furent 512 bombardiers qui larguèrent plus de 2 000 tonnes de bombes sur Coblence, Bingen, Trèves et Cologne.

Le 23 décembre : la météo libère l'invincible armada aérienne alliée.

À Luxembourg également des indices d'une amélioration très nette du temps commençaient à être rassemblés. Les informations glanées tout au long de la nuit ne firent que confirmer et transformer en certitude ces premiers éléments ; la nouvelle, en même temps que le branle-bas de combat, se répandirent dans la nuit à toutes les bases et tous les aérodromes : *« on allait pouvoir voler au-dessus des Ardennes demain ! »*[4]

Patton accueillit à sa manière si particulière le lever de soleil radieux qui l'accueillit en ce

Sur un terrain en Belgique, au mois de décembre 1944, ces « Combat cameramen », techniciens de haute valeur de la *9th Air Force*, installent deux caméras de 35 mm sous les ailes d'un P-38 de reconnaissance. À droite, le *Lieutnant* James Bray, ancien cameraman d'actualité et pilote de l'appareil photographié ici, a, autrefois, abattu deux Me-109, en Afrique, lors d'une mission « recco ». Il est ici assisté du caporal Verl Luzena, natif de Bradford, Ohio. Les films récupérés au retour de la mission partiront pour évaluation avant d'être utilisés pour l'entraînement ou les actualités.

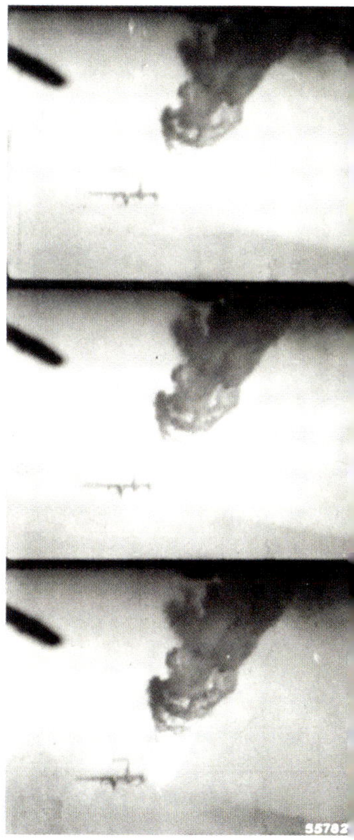

23 décembre : *« Quel jour glorieux… pour tuer des Allemands ! »*

La *8th USAAF* décollait pour matraquer de ses bombes la zone se trouvant à l'Est du champ de bataille, la *RAF* préparait ses bombardiers lourds pour aller attaquer Cologne et la *9th USAAF* interviendrait comme prévu selon l'option la plus favorable – les Allemands n'ayant pas passé la Meuse – directement au-dessus des Ardennes qui sortaient enfin de leurs nappes de brouillard quasi impénétrables.

La campagne d'interdiction de tout mouvement par route ou par rail sur l'arrière des positions ennemies put enfin être lancée à grande échelle.

Le 17 décembre, le *Major* Dalglish du *354th FG, 9th Air Force*, abat un Me-110 au-dessus des Ardennes comme on peut le voir sur cette séquence provenant de ses ciné-mitrailleuses. Cette unité est en soutien de la *3rd Army*.

Republic P-47D-27-RE Thunderbolt « Angie » appartenant au *512th Fighter Squadron* du *406th Fighter Group, XIXth Tactical Air command* de la *9th Air Force*, Belgique, janvier 1945. Le pilote de cet appareil nous est, aujourd'hui encore, inconnu. (Profil Bruno Pautigny.)

Republic P-47D Thunderbolt (Razorback) du *63rd Fighter Squadron, 56th Fighter Group, 65th Fighter Wing* de la *8th Air Force*, piloté par le *Lieutenant* John Aranyos, l'appareil est encore camouflé selon l'ancien schéma vert olive (*olive drab*)/gris (*neutral gray*), avec une retouche de vert « plus frais » au-dessus des bandes médianes. De l'autre côté du nez, figure la carte de l'État de l'Idaho, d'où était, sans doute, originaire Aranyos. (Profil Bruno Pautigny.)

Hawker Typhoon Mk IB, du *No 137 Squadron* de la *RAF*. Trente bombes volantes sont abattues par les pilotes de cette unité, seule formation de Typhoon à être engagée contre les V-1. Au mois d'août 1944, le *137 Squadron* rejoint la *2nd TAF* en France. (Profil Bruno Pautigny.)

485 Lancaster s'attaquèrent aux centres de transport de la zone de Trêves alors que les bombardiers moyens de la *2nd TAF* s'occupaient de cibles sur les voies de communication routières dans la zone Malmédy – Saint-Vith et de cibles ferroviaires sur Gemünd et Kall.

Le *IXth Bomber Command* lança pour sa part 624 bombardiers moyens sur le même type de cible mais juste derrière le front. Sur ce total, 465 purent attaquer leur cible principale ou celle de substitution, n'y déversant pas moins de 899 tonnes de bombes [5].

Pour sa part, la *8th USAAF* largua 1 131 tonnes de bombes au moyen de 423 B-17 sur les gares de triage qu'abritaient Ehrang, Junkerath, Ahrweilern Dahlem, Kaiserlautern et Homburg. Les 632 chasseurs d'escorte réduisirent à néant les efforts importants déployés par la chasse allemande pour endiguer cet assaut aérien [6].

En dépit du plan allemand qui consistait à maximiser l'effort de la *Luftwaffe* au-dessus des Ardennes avec des envols prévus de 150 chasseurs par heure vers la zone des combats, le ciel était acquis aux Alliés, à leurs P-47, P-51 et autres B-26.

Même si le temps n'était pas encore idéal sur tous les aérodromes alliés, empêchant le décollage de certaines unités, la *XIXth TAC*, usant de napalm et de bombes à fragmentation s'attaqua à la partie sud du front réalisant 451 sorties. La *XXIXth TAC* lança pour sa part 105 missions sur les aérodromes de Bonn-Hangelar et Wahn dont on avait repéré par radio une reprise d'activités ou encore en attaquant avec ses P-38 les localités de Prüm, Höfen et Rocherath. Les Typhoons du *23th Group* britannique et leurs roquettes donnaient aussi un sérieux coup de main aux troupes au sol.

Enfin, la *IXth TAC* expédia quelque 64 tonnes de bombes au travers de 211 sorties.

La *IXth Bombardment Division* traitait pour sa part des objectifs définis sur sa zone d'intervention *(cf. carte)* comme la ville d'Euskirchen. Toutes les missions ne se déroulèrent pas sans opposition, bien au contraire. Il en fut ainsi de l'assaut mené par le *391st Bomber Group* sur le viaduc routier d'Ahrweiler durant lequel les 36 B-26, qui n'avaient pas pu faire la liaison avec leur escorte, furent engagés par 60 chasseurs des *JG 2*, *3* et *11*. 16 bombardiers furent abattus.

L'attaque au sol se matérialisa sur de nombreux points, à Saint-Vith, Recht, Rocherath ou encore dans la région de Vielsalm où des véhicules de la *9.SS-Panzer-Division* furent attaqués. Des convois de la *Das Reich* furent pareillement attaqués au sud-est de Manhay et le commandant de la division dut reporter son attaque de Baraque de Fraiture jusqu'après le départ des jabos de la zone.

Les Allemands ne restaient cependant pas inactifs et de nombreux combats aériens eurent lieu en ce 23 décembre, mettant aux prises chasseurs alliés et formations de chasseurs allemands pouvant atteindre les 30 appareils ou plus. En revanche, le soutien et la protection des troupes au sol devenaient un exercice extrêmement compliqué pour les Allemands en raison du foisonnement de chasseurs alliés sur zone. Ainsi, le *JG 26,* qui devait couvrir les panzers de la 6e Armée blindée envoya 23 Fw-190 de son *I.Gruppe* vers la Meuse. Six de ces appareils ne purent pas faire mieux que couvrir le décollage des autres en engageant le combat avec leurs homologues américains au-dessus de leur propre aérodrome de Fürstenau. Les 20 appareils restant réussirent à atteindre la zone des combats, descendant deux B-26 avant

5. On citera comme cibles les villes de Prüm, Kyllburg pour leur intérêt ferroviaire, et les ponts routiers de Mayen, Euskirchen, et Eller (dont le pont fut détruit). Les centres de communication sur les arrières de la *5.Panzerarmee* furent aussi attaqués : Waxweiler, Neuerburg et Lunebach. Un prisonnier allemand rapportera par la suite qu'il lui fallut deux heures le jour de Noël pour traverser Kyllburg tant les dommages avaient été importants.

6. Un seul bombardier perdu.

7. Dont 200 à 300 réussirent à atteindre le champ de bataille des Ardennes selon une estimation américaine.

Hawker Typhoon Mk IB du *No 175 Squadron*. Cette unité est équipée de cet appareil depuis avril 1943. (Profil Bruno Pautigny.)

que la chasse alliée n'intervienne et n'abatte quatre Fw; pertes auxquelles s'ajouteront cinq appareils qui s'écraseront lors de l'atterrissage.

En tout, la *Luftwaffe* avait néanmoins produit un effort considérable même si insuffisant en ce 23 décembre en totalisant 800 sorties[7], forcée de répartir ses forces entre interception et attaque au sol. L'analyse que fit la *IXth TAC* de Quesada de la journée est la suivante: *« L'ennemi réussit à atteindre la zone de combat dans la matinée alors qu'il en fut empêché en fin d'après-midi soit par la nature de sa mission soit par les*

Le colonel Ray J. Stecker commandant du *365th Fighter-Bomber Group, 9th Air Force*, aux commandes de son P-47 Thunderbolt. Les deux autres noms inscrits sous le cockpit sont ceux de ses mécanos

Le lieutenant-colonel C.R Livingston du *367th Group* pose devant son Lockheed P-38, « Moonlight Cock-Tail », le 11 décembre 1944, sur le terrain de son unité en Belgique.

BRITISH 2nd TACTICAL AIR FORCE

Air Marshal Sir Arthur Coningham

34 (Photo Reconnaissance) Wing
No 16 Sq. (Spitfire XI), No 69 Sq. (Wellington XIII), No 140 Sq. (Mosquito XVI)

2nd Group
Air Vice Marshal Basil E. Embry

136 Wing
No 418 Sq., No 605 Sq. (Mosquito VI)

137 Wing
No 88 Sq., No 342 Sq., No 226 Sq. (Boston III, Boston IV, Mitchell II)

138 Wing
No 107 Sq., No 305 Sq., No 613 Sq. (Mosquito VI)

139 Wing
No 98 Sq., No 180 Sq., No 320 Sq. (Mitchell II, Mitchell III)

140 Wing
No 21 Sq., No 464 Sq., No 487 Sq. (Mosquito VI)

83rd Group
Air Vice Marshal Harry Broadhurst

39 (Recce) Wing
No 400 Sq. (Spitfire XI), No 414 Sq. (Spitfire IX), No 430 Sq. (Spitfire XIV)

121 Wing
No 174 Sq., No 175 Sq., No 184 Sq., No 245 Sq., (Typhoon IB)

122 Wing
No 3 Sq., No 56 Sq., No 80 Sq., No 274 Sq., No 486 Sq. (Tempest V)

124 Wing
No 137 Sq., No 181 Sq., No 182 Sq., No 247 Sq. (Typhoon IB)

125 Wing
No 130 Sq., No 350 Sq., No 610 Sq. (Spitfire XIV)

126 Wing
No 401 Sq., No 411 Sq., No 442 Sq. (Spitfire IX), No 402 Sq., (Spitfire XIV)

127 Wing
No 403 Sq., No 416 Sq., No 421 Sq., No 443 Sq. (Spitfire XVI)

143 Wing
No 168 Sq., No 438 Sq., No 439 Sq., No 440 Sq. (Typhoon IB)

84th Group
Air Vice Marshal I. O. Brown

35 (Recce) Wing
No 2 Sq. (Spitfire XIV), No 4 Sq. (Spitfire XI), No 268 Sq. (Mustang II)

123 Wing
No 164 Sq., No 183 Sq., No 198 Sq., No 609 Sq. (Typhoon IB)

131 Wing
No 302 Sq., No 308 Sq., No 317 Sq. (Spitfire XVI)

132 Wing
No 66 Sq., No 127 Sq., No 322 Sq., No 331 Sq., No 332 Sq. (Spitfire XVI)

135 Wing
No 33 Sq., No 222 Sq. (Tempest V)

145 Wing
No 74 Sq., No 329 Sq., No 340 Sq., No 345 Sq. (Spitfire XVI)

146 Wing
No 193 Sq., No 197 Sq., No 257 Sq., No 263 Sq., No 266 Sq. (Typhoon IB) AOP Units Auster IV

85th Group

147 Wing
No 219 Sq., No 410 Sq., No 488 Sq. (Mosquito XXX)

147 Wing
No 264 Sq., No 409 Sq., No 604 Sq. (Mosquito XIII)

Le B-26 « Bar Fly » du *554th Bomb Squadron, 386th Bomb Group, 9th Air Force*, sera abattu quelques jours après la fin de la bataille des Ardennes avec 175 missions de guerre à son actif.

appareils alliés. On peut décrire au mieux son effort de la journée comme un effort de défense agressive. Des attaques de chasseurs-bombardiers furent tentées. Il est probable que sa priorité absolue dorénavant consiste en la protection des concentrations [de troupes] qui se rassemblent en vue de pénétrer dans le saillant de l'offensive. » Les forces allemandes durent ainsi repousser une attaque de Bastogne qui aurait dû se produire dans la journée *« en raison des bombardements [alliés] »* selon le décryptage Ultra d'une communication du *II.Jagdkorps*. 500 pilotes participèrent aux opérations et ce corps paya au prix fort la confrontation avec l'armada aérienne la plus puissante au monde : 63 pilotes tués et 35 autres blessés.

De son côté, la Flak, de nouveau, méritait sa terrible réputation et, si elle ne faisait pas mouche à chaque coup, elle rendait en tous les cas beaucoup moins précis les bombardements des troupes au sol. Un vétéran, casseur de panzer de la bataille de Normandie, Howard Park, se souvient notamment *« qu'il n'avait jamais rencontré une concentration de Flak légère aussi intense. Le renseignement nous avait annoncé qu'il y avait environ 700 Flak quadruples de 20 mm autour de Bastogne »*

Au sortir de cette première journée de temps favorable, la *9th USAAF* rapporta la perte de 19 chasseurs et 35 bombardiers pour 696 sorties. La *8th USAAF* ne déplorait la perte que d'un seul bombardier et de sept chasseurs pour sa part.

Pour Patton, sa prière était exaucée [8] et, avec le beau temps, revenait enfin la possibilité d'utiliser efficacement les reconnaissances aériennes. Les trois unités dont il put bénéficier ce jour-là ne volèrent pas moins de 113 sorties.

Ce jour fut aussi marqué par la mise en œuvre de l'opération de ravitaillement par les airs de la garnison assiégée de Bastogne, l'opération *Repulse* ainsi que de celle de Hotton, que nous évoquons par ailleurs.

Une tragique erreur se produisit également dans l'après-midi lorsque, s'étant envolé à destination de Zülpich, six B-26 du *322nd Bomb Group* bombardèrent par erreur la ville de Malmédy, sous les yeux ébahis des hommes de la *Panzerbrigade 150* de Skorzeny et au plus grand désespoir des troupes américaines et des habitants de cette pauvre commune belge qui reçut 60 bombes de 250 livres. La ville attira malheureusement d'autres bombardiers les deux jours suivants ; bombardiers sans doute en quête de cible. La *30th USID* allait y perdre 37 hommes et la population civile 125 habitants. À Arlon, la gare de triage, en zone alliée, fut également prise pour cible et cinq wagons-citernes destinés à Patton s'envolèrent en fumée. La ville de Verviers fut elle-aussi bombardée. Du coup, le général Anderson ordonna que les cibles secondaires soient clairement identifiées avant d'être attaquées.

Si les bombardements opérés par la *IXth Bomber Division* avaient été entrepris sur une vaste échelle, la réaction allemande avait cependant été vive et il fallait ajouter aux pertes déjà lourdes quelque 6 crashs par accident et 182 appareils endommagés dont un grand nombre ne reprendraient plus jamais l'air. Les cinq groupes de la *IXth Bomb Division* reçurent d'ailleurs une *Distinguished Unit Citation* pour leur action en ce 23 décembre [9]. Comme nous l'avons vu, la *Luftwaffe* avait été aidée dans sa tâche par l'absence d'escorte de chasseurs qui avaient frappé certains raids de bombardiers. Pour éviter que cela ne se reproduise, une ligne directe fut créée entre le PC du *367th Fighter Group* à Juvincourt, dans l'Aisne (et à seulement une trentaine de kilomètres de Reims) et le PC de la *IXth Bomber Division*, à Reims.

En cette première journée d'engagement massif de la puissance aérienne alliée, Model semblait encore garder espoir ou du moins sauver les apparences lorsqu'il rapportait à Hitler *« L'ennemi a été capable d'employer à nouveau pleinement*

8. Son chapelain reçut une Bronze Star pour l'occasion.

9. La *IXth BD* enregistra ce jour-la plus de sorties en une seule journée que n'importe quel jour durant la bataille de Normandie.

10. Les Allemands contestaient avec tous leurs moyens cette présence américaine dans le ciel ardennais. Preuve en est cette confrontation de 45 minutes entre 56 P-47 et 90 Me-109 au-dessus d'Euskirchen et qui se solda par la perte de 46 chasseurs allemands des *JG 4*, *11*, *27* et *54* et 9 Thunderbolt du *56th Fighter Group*. Le colonel Schilling, commandant de l'unité, descendant cinq appareils en une seule journée. Les pertes allemandes ne comptaient pas que des personnels inexpérimentés mais cette confrontation aérienne emportait également des aviateurs de valeur comme l'*Ofw* Bartels, du *JG 27*, et qui venait d'abattre son 99e appareil lorsqu'il fut lui-même descendu et tué.

Messerschmitt Me-262A-1 Schwalbe de la *III./EJG 2*, Lechfeld , Allemagne, début 1945. Ce « 13 rouge » est l'appareil du *Major* Heinrich « Heinz » Bär, *Kommandeur* de l'*Erganzungs-Jagdgeschwader 2*, en janvier 1945, une unité d'entraînement avancé destinée aux futurs pilotes de Schwalbe, rapidement transformée en groupe de chasse opérationnelle. Bär obtint 13 victoires au sein de l'*EJG 2*. Il termine la guerre dans la célèbre *JV.44*, avec le grade d'*Oberst* et 221 succès en combat aérien. (Profil Bruno Pautigny.)

sa force aérienne le 23 décembre en raison de conditions météorologiques favorables. » Le focus de ses attaques se situa sur les routes et les cibles liées au trafic, ainsi que les voies de communication empruntées par les formations blindées allemandes. La Flak allemande et une utilisation intensive de la *Luftwaffe* ont apporté un certain répit.

De son côté, von Rundstedt déclara plus tard que les conséquences de ces bombardements avaient été désastreuses car il n'était plus possible de faire passer vers le front troupes et approvisionnements. Plus on s'approchait du front et plus il fallait que les troupes avancent à pied. L'action des bombardiers lourds à l'est du Rhin rendait difficile l'acheminement vers le front des troupes, du ravitaillement et du carburant. Il faut dire aussi que 417 B-17 avaient été envoyés vers les infrastructures de la Reichsbahn et les nœuds routiers situés à l'ouest du Rhin et qui formaient les points de départs vers le front pour son approvisionnement. Ainsi Homburg, Kaiserlautern, Ehrang mais aussi Junkerath, Dalhem et Ahrweiler furent sévèrement attaquées et reçurent en tout 1 150 tonnes de bombes. Dans le cas de cette dernière commune, la *167. VGD*, cinq jours plus tard, faisait l'amère constatation que l'on ne pouvait la traverser qu'à pied ou à cheval.[10]

D'autres problèmes venaient accabler la *Luftwaffe*; le manque de carburant commençait à se faire sentir et l'agressivité de certains pilotes confrontés à cette fournaise suivait semble-t-il la même courbe déclinante, entraînant des menaces de cour martiale si de tels comportements venaient à se reproduire.

Tactiquement, le problème de la faillite de la couverture des avant-gardes blindées avait été durement ressenti car de nombreux chasseurs avaient dû être lancés contre la *9th USAAF* et ses bombardiers. Il était demandé aux unités d'envoyer une partie de leurs chasseurs le lendemain vers la zone des combats, chasseurs qui devaient absolument la pénétrer, quitte à refuser le combat aérien, pour pouvoir apporter cette ombrelle de protection aux panzers.

Côté allié, le général Anderson, commandant de la *IXth BD* faisait ses comptes et avec un taux de pertes de 8 % en cette journée, il entrevoyait déjà la fin des opérations de son unité si un tel niveau de pertes venait à se prolonger les jours suivants. Aussi appela-t-il Spaatz afin que la *8th USAAF* et la *RAF* bombardent les aérodromes allemands pour éradiquer le mal à la racine. Il fut décidé que l'opération serait menée dès le lendemain.

En attendant ce nouveau jour, les opérations ne cessèrent pas pour autant la nuit venue. Ainsi, les Britanniques lancèrent 106 Mosquito des *138th* et *140th Wings* sur les arrières de la 6e Armée blindée sur la zone Cologne–Düren–Stadtkyll tirant 80 000 munitions sur des cibles terrestres aux alentours de Blankenheim, Mayen, Bitersborn et Prüm, qui fut également bombardée.

Le colonel Ray J. Stecker ajuste les sangles du harnais de son mécanicien le *Staff Sergeant* Bailey R. Ingram, inconfortablement installé dans le « compartiment passager » (sic) d'un P-47 Thunderbolt transformé, pour l'occasion, en chasseur-bombardier de liaison biplace. Cet appareil est utilisé comme appareil d'observation et de liaison par le *365th Fighter Group*.

Ces pilotes d'une unité de P-38 Lightning de la *9th Air Force* quittent la tente transformée en salle de briefing, consignes et coordonnées de vol en poche, avant de repartir en mission sur le front.

Les Allemands pour leur part lancèrent 88 appareils dans la zone Sedan–Metz.

Contrairement à ce que l'on pourrait croire, les plus petits contributeurs lors de ces combats nocturnes étaient assurément les Américains qui ne purent lancer que treize sorties contre la zone de Saint-Vith et des villes des alentours de Nohfelden.

4. Joyeux Noël

Le très personnel « message de Noël » d'une unité de Jabos de la *9th Air Force*, le 24 décembre 1944.

24 décembre

Le temps froid et clair à l'aube de ce nouveau jour de combats donnait aux aviateurs une visibilité de 4,5 à 8 kilomètres.

Conformément aux demandes exprimées la veille, la *8th USAAF* reçut l'ordre de mettre en ligne tous ses bombardiers lourds et légers en vue d'attaquer les aérodromes d'où étaient partis les chasseurs qui avaient tant malmené la *IXth Bomb Division* et ses bombardiers moyens la veille.

Ce 24 décembre fut marqué par le plus grand bombardement aérien de la Seconde Guerre mondiale : pas moins de 2 034 bombardiers lourds de la *8th USAAF* escortés par 803 chasseurs et épaulés par les sorties de 502 bombardiers du *Bomber Command* de la *RAF* et celles de la *9th USAAF*. En tout, près de 5 000 sorties seront enregistrées ce jour-là.

Sur les 5 052 tonnes de bombes transportées par la *8th USAAF*, 3 506 furent déversées sur 11 terrains de la *Luftwaffe* (ceux des *JG 2*, *4* et *11*) par

Le *Technical Sergeant* John McNicol, analyste des photos aériennes, tente d'identifier les unités allemandes qui viennent d'être prises en photographies par les Lightning de reconnaissance de la *9th Air Force* et compare leurs positions sur les cartes opérationnelles à sa disposition.

Un Box de B-17 « Flying Fortress » de la *8th Air Force* au-dessus de l'Allemagne, dans les derniers jours de l'année 1944. À cette altitude, le ciel est presque toujours limpide...

1 400 bombardiers escortés par 726 chasseurs alors que 634 B-17 s'en prenaient à quatorze autres cibles tactiques, déversant 1 530 tonnes de bombes sur ces centres de communication et mettant hors service de nombreuses installations pour une période prolongée. Alors que les 1re et 3e Divisions de bombardements avec leurs B-17 devaient détruire les aérodromes allemands, les B-24 de la seconde devaient appuyer les bombardiers moyens de la *9th USAAF* dans leurs actions contre les lignes de communications de l'ennemi. Dans son ensemble, la *9th USAAF* ne vola pas moins de 1 138 sorties dont 700 au-dessus du champ de bataille des Ardennes. Parmi celles-ci, 376 le furent par ses bombardiers moyens qui larguèrent 691 tonnes s'attaquant toujours plus particulièrement aux ponts et aux centres de communication.

Une fois l'obscurité revenue, les Anglais retournèrent à l'assaut en envoyant 442 bombardiers Halifax et Lancaster sur les aérodromes de Düsseldorf, Essen, Bonn-Hangelar, y déversant 1 830 tonnes supplémentaires.

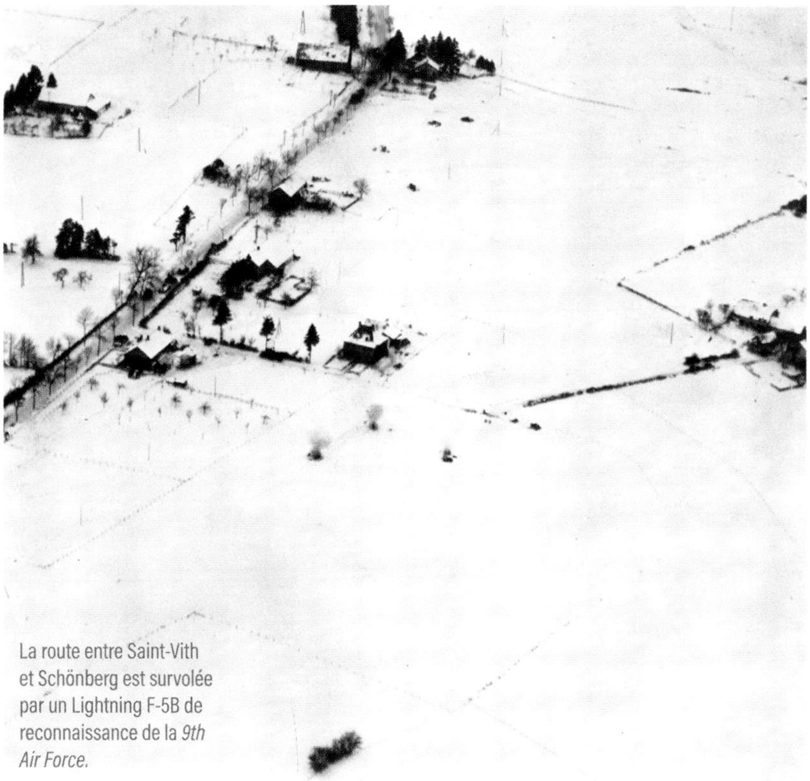

La route entre Saint-Vith et Schönberg est survolée par un Lightning F-5B de reconnaissance de la *9th Air Force*.

En face, les Allemands alignaient encore 700 à 800 chasseurs malgré les pertes déjà enregistrées. Les aviateurs alliés rapportèrent d'ailleurs avoir été confrontés à plusieurs occasions tout au long de la journée à des vagues de 40 à 50 chasseurs. Guidée par les contrôleurs aériens vers la masse de bombardiers qui se dirigeaient vers eux, la *Jagdwaffe*, au-dessus de Liège, réussit à attaquer alors qu'elle se trouvait sans protection aérienne. Très vite, 9 B-17 furent abattus ou contraints à un atterrissage forcé. L'apparition des Mustangs mit fin au carnage en faisant payer un lourd tribut aux « bandits » des *JG 3*, *6* et *27* qui s'étaient ainsi attaqués aux forteresses volantes [1]. En tout, 13 bombardiers et 10 chasseurs furent abattus au cours de ces 200/250 sorties allemandes lancées contre ce flux de bombardiers.

Pour faire face à ce raz de marée aérien, les Allemands avaient dû délaisser l'effort qu'ils voulaient pourtant initialement faire porter sur l'appui au sol de leurs panzers. Il n'en fallait pas plus pour que les jabos déchaînent les enfers sur les troupes allemandes au sol. De l'aveu même de Nugent, leurs *« colonnes se retrouvèrent aussi complètement découvertes que si on leur avait ôté leurs vêtements »*.

Au nord, la *XXIXth TAC* vola 200 sorties dont 148 au-dessus des Ardennes, s'en prenant particulièrement aux éléments les plus menaçants de la 6ᵉ Armée blindée, à savoir la *Das Reich* aux alentours de Grandmenil et la *Hohenstaufen* vers Poteau. Les positions allemandes au niveau de Stavelot n'étaient pas oubliées pour autant et faisaient l'objet de l'attention toute

En fin d'après midi, 94 bombardiers anglais avaient également pris pour cible les installations ferroviaires de Cologne y causant des dégâts considérables. Selon un rapport intercepté par Ultra, un train de munitions avait été touché, des installations de triage détruites et l'ensemble des réparations allait prendre cinq à six jours, ce qui, à l'échelle chronologique du déroulement de l'offensive allemande était une perte de temps énorme.

1. C'est lors de ce raid que le général Fred Castle, commandant le *94th Bomb Group* fut tué aux commandes de son B-17 et reçut la *Medal of Honor* à titre posthume.

Les mécanos réapprovisionnent un P-38 Lightning avant son départ en mission. Remarquez les deux hommes à droite s'affairant à connecter des manchons souples à un radiateur de campagne afin de réchauffer les moteurs du chasseur.

particulière du *48th Fighter Group*. Le *II.SS-Panzer-Korps* notait *« la 2e division blindée SS demande urgemment une protection aérienne pour ses avant-gardes. Nos attaques ont été entravées ce jour par des attaques massives de chasseurs-bombardiers. Pertes en personnel et équipements. Protection par la Flak faible »*.

Le *365th Fighter Group* mitrailla et bombarda quant à lui les colonnes de la *Leibstandarte* à une douzaine de kilomètres à l'ouest de Stavelot.

La partie nord du front fut également soumise aux importants efforts déployés par la *2nd TAF* britannique, totalisant 1 243 sorties au-dessus de la zone Malmédy – Saint-Vith – Düren – Euskirchen. Parmi ces sorties, 144 furent réalisées par les bombardiers moyens larguant 56 tonnes de bombes sur les villes carrefours de Kall, Gëmund, Trèves et Recht.

La *IXth TAC* pour sa part vola 457 sorties dont 162 au-dessus des Ardennes, larguant 148 tonnes de bombes. La *XIXth TAC* entreprit 424 sorties. À la hauteur de Trois-Vierges, d'importantes concentrations d'artillerie, de camions et de blindés furent repérées ; il s'agissait à nouveau de la *Das Reich*, s'échinant à faire avancer ses colonnes.

Parmi ses objectifs, la *XXIXth TAC* s'attacha tout particulièrement aux mouvements allemands dans le secteur de Prüm. Des scènes de dévastation furent décrites par les Allemands essayant de passer au travers des décombres de la ville.

Recht subit également une attaque dévastatrice menée par 23 Boston et 32 Mitchell de la *RAF* larguant 70 tonnes de bombes incendiaires. La localité qui servait de zone de transit à certaines unités de la *Hohenstaufen* fut bientôt ravagée par les flammes d'autant que 3400 litres de carburant de la division y étaient entreposés. Près de quarante véhicules furent détruits à Recht et Poteau. La soudaineté du raid sur Recht avait notamment empêché la dispersion des véhicules et y avait entraîné une certaine panique parmi les troupes *SS* selon un témoin du *SS-Panzer-Grenadier-Regiment 20*.

Les opérations d'attaques au sol ne faiblissaient donc pas. On peut citer entre de très nombreux

Le *Sergeant* Rober Turcotte et le *Corporal* DeGrand du *365th Fighter Group* fixent une bombe de 500 livres livres sous l'aile d'un P-47.

Détail de la bombe de 500 livres et de sa dédicace *« Avec les compliments des faucons de l'enfer »* qui sera bientôt livrée par le pilote de ce Thunderbolt.

Le *Lieutnant* Law et son « Jabo », font exploser un camion de munitions allemands sur une route ardennaise. Cette séquence de ciné-mitrailleuses illustre à merveille la terrible efficacité des munitions incendiaire de .50.

Un B-24 du *734th Bomb Squadon, 453rd Bomb Group* de la *8th Air Force* au-dessus de l'Allemagne. Cette photo, bien que prise en septembre 1944, présente l'autre vecteur stratégique utilisé par les Américains lors de leurs bombardements sur le Reich. *(Collection particulière, droits réservés.)*

autres exemples, celle du *395th Squadron* sur un parc de rassemblement de panzers à Dochamps, ou encore celle du *396th Squadron* bombardant une douzaine de véhicules blindés dans la zone de Losheim ou enfin l'attaque d'un convoi de 150 véhicules à moteur à l'est de Saint-Vith. À son retour de mission, le *397th Squadron* déclarait avoir détruit onze chars et douze camions au sud-ouest de Manhay [2].

Sur la partie nord du front, ce furent ainsi plus de mille sorties qui furent réalisées dans la zone Malmédy – Saint-Vith – Düren – Julich. Les positions, ou les mouvements allemands, furent particulièrement prises à partie dans les alentours de Stavelot, Losheim, Hotton également.

Au-dessus de Bastogne, l'opération de ravitaillement aérien fut renouvelée.

La masse écrasante de la puissance aérienne alliée ne doit pourtant pas faire oublier les efforts considérables de la *Luftwaffe* dans le cadre de cette journée du 24 décembre. Près de 650 sorties furent réalisées au-dessus des Ardennes sur un total de 1 088. Le *IXth TAC* rapportera d'ailleurs cette journée comme *« le plus grand effort allemand depuis le jour J »*.

La nuit venue, Bastogne fut bombardée par les Ju-88 de la *I.KG 66* et du *LG1*. Les deux tonnes de bombes s'abattirent sur le centre-ville et tuèrent une infirmière belge, quatre officiers et 24 soldats blessés.

La nuit n'en fut pas allemande pour autant et les Anglais dépêchèrent à nouveau sur place 139 Mosquito s'attaquant aux nœuds de communication dont on savait qu'ils seraient particulièrement mis à profit de nuit: Prüm, Neuerburg, Vianden, Saint-Vith, Euskirchen.

Preuve de l'intensité des combats aériens, les Alliés perdirent ce jour-là 44 bombardiers et 12 chasseurs alors que les Allemands déploraient la perte de 85 pilotes tué [3] ou capturés, et 21 autres blessés [4].

L'importance des pertes allemandes s'explique à la fois par le manque d'expérience des pilotes, la supériorité numérique et technique des alliés mais aussi par la tactique de ces derniers. En effet, pour pouvoir apporter un quelconque appui aux troupes engagées au sol, un pilote allemand et sa machine devaient avoir échappé aux bombardements de leur aérodrome par les « lourds » de la *8th USAAF* ou de la *RAF*, puis, le cas échéant, à la confrontation en duel avec leurs chasseurs d'escorte, puis passer au travers des mailles du filet tendu au-dessus de l'Eifel par la *2nd TAF* britannique et le *XXIXth TAC*. Enfin, au-dessus du champ de bataille, il fallait encore affronter les appareils des *IXth* et *XIXth TAC*. Puis il fallait refaire la route dans l'autre sens alors que les chasseurs alliés attendaient en embuscade guidés par les services d'interception radio ou les équipes de radars de guidage au sol.

Seuls les Arado à réaction tiraient leur épingle du jeu, bombardant Liège à deux reprises dans la journée (un raid de neuf appareils et un raid de huit) sans aucune perte et en ayant atteint les objectifs visés.

Pour donner la mesure de la dévastation subie par les forces allemandes, laissons la parole à Model au travers de son rapport émis pour le *Führer*:

« La force aérienne ennemie a atteint son précédent zénith. Alors que l'objectif des formations de quadrimoteurs était constitué par les installations ferroviaires et les cibles liées au trafic dans l'Eifel et dans la zone Cologne-Bonn, les attaques de chasseurs – bombardiers harcelaient presque sans interruption les pointes de nos attaques ainsi que les axes de marche et d'approvisionnement. D'un autre côté, la Flak et les chasseurs allemands abattirent un nombre incalculable d'appareils ennemis, mais ne furent pas en mesure d'apporter l'assistance nécessaire dans la zone de combat. En raison des attaques sur les routes, les voies ferrées et autres installations ferroviaires, qui entraînèrent des blocages routiers sans nombre, nous pouvons nous attendre à des perturbations considérables dans le domaine des transports.

Ce Douglas A-20C Havoc d'un *Bomber Squadron* de la *9th Air Force* est victime de la Flak allemande au-dessus de la forêt des Ardennes.

2. Nous ne donnons que rarement les prétentions des pilotes en termes de destructions de véhicules au sol car il a été démontré au travers d'études réalisées dans les Ardennes qu'elles étaient considérablement exagérées, de l'ordre de 1 à 10 pour les chars détruits et de 1 à 5 pour les véhicules à moteur.

3. Dont deux commandants de *Gruppe* et cinq commandants de *Staffel*.

4. Pour 125 victoires aériennes revendiquées par les aviateurs alliés.

Des Martin B-26 Marauder en formation au-dessus de la Belgique au début de l'hiver 1944-1945. *Olive drab* ou métal nu, à cette époque du conflit, cela n'a plus beaucoup d'importance, le ciel est allié...

Les Arado 234 allemands, cette fois dans leur version bombardier, le 24 décembre 1944, vont fondre sur Liège. *(Collection particulière, droits réservés.)*

La remise en état accélérée des zones et des routes rendues inutilisables doit être entreprise immédiatement, en ayant recours à toutes les forces et en réquisitionnant la population civile au besoin».

25 décembre

Journée froide mais ensoleillée. Les brouillards matinaux – y compris au Royaume-Uni et qui ne permirent pas un appui aussi massif que la veille de la part de la *8th USAAF* - cédant bientôt la place à une visibilité illimitée.

Le décor était donc en place pour assister à un nouveau déploiement massif de la puissance aérienne alliée en ce jour de Noël. 1 700 chasseurs et 820 bombardiers s'en prirent au front et aux arrières de la *HG B*.

Ci-dessous : les Lancaster britanniques d'une unité du *Bomber Command* au-dessus de Saint-Vith en Flammes. *(Collection particulière, droits réservés.)*

En pied de page : Saint-Vith après le passage des bombardiers anglo-américains.

Les mêmes points vitaux furent visés dont la ville maintenant devenue martyre de Saint-Vith par laquelle il ne fut plus possible de faire passer un quelconque trafic routier.

L'opiniâtre résistance de la *Luftwaffe* le 23 avait une conséquence pratique en ce 25 décembre : l'adjonction auprès de la *9th USAAF* de deux *Fighter Groups* équipés de Mustang et empruntés à la *8th USAAF*.

La *8th USAAF*, qui lança 422 bombardiers escortés par 460 Mustangs sur les centres de communication de l'ennemi, écrasant quelques villages au passage sous un tapis de 1 091 tonnes de bombes. Dans la zone de la 6e Armée blindée, Hallschlag fut particulièrement visée car on avait pu y déceler un important trafic routier la nuit précédente et 48 B-17 la bombardèrent, tuant 30 hommes, détruisant 12 camions et rendant impraticable la route que les ouvriers de l'organisation Todt eurent bien du mal à remettre en état en raison des incessantes attaques des jabos durant la journée.

C'est en ce 25 décembre qu'était inaugurée une nouvelle étape dans cette campagne de bombardement et qui allait durer 9 jours, à savoir le bombardement des ponts ferroviaires enjambant le Rhin, la Moselle et l'Ahr. Les bombardiers rencontrèrent une forte opposition de la part de la *Luftwaffe* et cinq d'entre eux furent d'ailleurs perdus.

La *IXth USAAF* quant à elle vola 1 920 sorties : 1 100 pour les chasseurs-bombardiers, 629 pour les bombardiers moyens, 177 vols de reconnaissance et seulement 14 missions de nuit. Pour la perte de 24 appareils, les jabos revendiquaient la destruction de 99 véhicules blindés, 813 camions et 24 avions.

Parmi ces sorties, le nord du front fut le moins assailli en raison du temps. 170 sorties – seulement – de jabos du *XXIXth TAC* furent enregistrées avec comme but la zone Euskirchen–Stavelot–Saint-Vith.

Le *IXth TAC* lança 482 sorties dont au moins 229 au-dessus du champ de bataille y larguant 159 tonnes de bombes.

Certains chasseurs allemands avaient réussi à passer au travers de l'écran protecteur et c'est ainsi que, dans la zone de la 6e Armée blindée, le *390th Squadron* du *366th Fighter Group* rencontra 15 Fw-190 alors qu'il tentait d'appuyer la *30th USID* aux environs de Stavelot dans sa lutte contre la 1re division blindée *SS*. Le *391st* était également de la partie et appuyait cette division dans la zone de Trois-Ponts. Le *370th Fighter Group*, équipé de P-38 s'attaqua également à la *Leibstandarte* dans le secteur de Malmédy et à Grand-Halleux où les grenadiers essayaient de franchir la Salm. La *2.SS-Panzer-Division* eut également maille à partir avec les *jabos* alliés qui, dans les alentours de Manhay, s'en prirent une nouvelle fois à un groupe d'une vingtaine de panzers qui durent rebrousser chemin suite à ces assauts venus des airs soulager la 7e Division blindée américaine.

Du côté de Saint-Vith, une colonne de 20 chars et 50 autres véhicules, probablement de la *9.SS-Panzer-Division*, fut également attaquée par le *366th Fighter Group*. Dix chars et des camions furent revendiqués. Il fut d'autre part observé que sa poussée vers le nord s'arrêta après cet assaut aérien.

La *IXth Bomb Division* lança quant à elle 629 bombardiers moyens ce jour-là, déversant 1 237 tonnes de bombes sur les centres névralgiques du trafic routier. Saint-Vith fut encore un peu plus détruite en raison des 160 tonnes de bombes qu'elle reçut. Vianden fut touchée par 23 tonnes. Pour Bitburg, un prisonnier allemand eut cette remarque laconique : *« Votre force aérienne a fait le boulot à 110 % »*. Cependant, ces missions n'étaient pas sans risque et 223 des bombardiers revinrent avec des dommages de degrés divers.

Ces attaques sur le réseau routier étaient doublement handicapantes pour les Allemands car devait maintenant transiter par la route une partie de plus en plus importante de leur ravitaillement. En effet, en raison des raids entrepris sur le réseau ferré, les têtes des lignes ferroviaires avaient dû être reculées à hauteur du Rhin. L'effet sur la consommation en carburant était terrible et le poids qui reposait sur les camions de transport bientôt insupportable ; ceci sans compter sur la multiplication de cibles qu'offraient ces norias de camions : le poids de l'aviation stratégique alliée se faisait durement sentir.

Model ne pouvait que le constater au soir de cette journée de Noël : *« Les nombreux tronçons ferrés détruits sont en train de remettre la situation du transport en question. La remise en état rapide des zones sinistrées se poursuit en urgence et en faisant appel à la population »*.

Comme en Normandie l'été précédent, les transports de jour devenaient quasi impossibles tant en raison des jabos que des destructions occasionnées sur les points névralgiques par les bombardiers moyens et lourds. Ainsi le *II.SS-Panzerkorps* signalait en ce 25 décembre que *« en raison des bombardements, la ville de Saint-Vith ne peut plus être traversée »*. En dépit des efforts acharnés pour ouvrir un passage, la ville fut interdite à tout trafic pendant deux jours. Car, déjà ravagée, elle fut encore prise pour cible par 70 B-26 de la *IXth Bomb Division* qui y déversèrent pas moins de 135 tonnes de bombes. Le jour suivant, ce fut au tour de la *RAF* qui y fit 1 146 sorties et y largua 1 000 tonnes de bombes. On comprend mieux maintenant les photographies de Saint-Vith prises à la libération de la ville par les Alliés, ville réduite à un tas de ruines.

Le *XIXth TAC* de Weyland fournit le principal effort avec 596 sorties, surtout en appui du périmètre de Bastogne. Les villages qui faisaient front à la contre-offensive de Patton étaient également particulièrement pris à partie. Les revendications des pilotes, pour exagérées qu'elles soient, montrent bien les conditions d'engagement de ce jour : 766 véhicules, 74 panzers et véhicules blindés et 71 emplacements d'artillerie.

Le *IXth TAC* appuyait les troupes en face du *II.SS-Panzerkorps* autour de Manhay, prenant à partie les panzers qui y étaient repérés, facilitant ainsi la jonction entre le *XVIIIth Airborne Corps* et le *VIIth Corps*.

Insignes de manches de spécialité des personnels de l'*Air Force* américaine : photographe et bombardier.

Après les bombardement et la contre-offensive américaine, le *Major General* Quesada, patron du *9th Tactical Air Command*, et son adjoint aux opérations, le *Colonel* Gilbert Meyers, viennent se rendre compte de la mortelle efficacité des bombardements de leurs pilotes dans les ruines de Saint-Vith, village martyr.

Pierre Closterman, l'as français, est un témoin privilégié des opérations sur les Ardennes. À l'époque, il pilote un Tempest Mk V au *122 Wing*. Il arrive « sur zone », en Hollande, après Noël et participe, surtout, à la défense des terrains lors de *Bodenplatte* et à la riposte alliée aux attaques allemandes des jours suivants. *(Collection particulière, droits réservés.)*

Dans la zone encore tenue par Peiper, le *366th Fighter Group* harassait les positions de la *Kampfgruppe* forçant à l'abandon un équipage de Tigre II effrayé par les bombes tombant très près de leur panzer. En revanche, les P-47 s'en prirent par la suite à un Sherman, l'endommageant et faisant trois blessés. Les tirs fratricides fonctionnaient dans les deux sens et c'est ainsi qu'entre autre perte, la DCA américaine abattit par erreur le Mustang du *Major* Preddy, le tuant. Il s'agissait d'un as de la *8th USAAF* aux 26 victoires, et pas n'importe quel as puisque le major Preddy était le plus grand as de tout l'ETO [5] !

La *2nd TAF* britannique ne ralentit pas non plus son effort avec 371 sorties dont certaines furent dirigées contre la *Das Reich* toujours autour de Manhay et 36 bombardiers lourds attaquèrent de jour Junkerath sur les arrières de la 6e Armée blindée.

La *Luftwaffe* parvint encore à lancer 600 sorties mais l'appui au sol restait évidemment très limité, surtout dans le secteur de la 7e Armée où sévissait le *XIXth TAC*.

Les Arado Ar-234 entreprirent deux nouveaux raids sur les installations ferroviaires de Liège, totalisant 16 sorties mais, cette fois, un des appareils fut abattu par un Tempest.

Les commentaires de Model se faisaient de plus en plus incisifs : *« De lourdes pertes furent infligées tout au long de la journée par les chasseurs-bombardiers. Nos propres chasseurs complètement absents »*. Et pourtant, 60 avions avaient été encore perdus par la *Luftwaffe* en ce jour de Noël, ayant entraîné 49 pilotes dans la mort et en ayant blessé 13 autres.

Le ciel fut couvert cette nuit-là, limitant les opérations aériennes nocturnes.

5. *European Theater of Operations* : théâtre d'opérations européen

Le *Major* Rober Brooking commande le *386th Fighter Squadron*. Cette unité de la *9th Air Force* sera la première à attaquer la *Kampfgruppe Peiper* le 18 décembre 1944 et sera rudement éprouvé par le *Jagdgeschwader 53* lors de l'attaque de son terrain le 1er janvier. « The Fickle Finger », l'appareil du *Major* Brooking, sera détruit ce jour-là.

Les B-17 de la *8th Air force* ne pourrons reprendre efficacement et massivement leurs raids qu'après le début de l'année 1945, comme le prouve cette photogaphie d'un Box de forteresses volantes le 4 janvier.

Détail du cockpit du P-47D du *Major* Brooking.

Il n'y a pas que les unités américaines qui attaquent les Allemands lors de l'offensive, les unités de la *RAF* ne sont pas en reste. Le *Flight Officer* Vanderperren, un pilote belge du *350 Squadron*, est tué aux commandes de son *Spit* lors de l'attaque d'une colonne, aux alentours de Prüm, le 25 décembre 1944. *(Collection particulière, droits réservés.)*

26 décembre

La météo en Angleterre n'était plus aussi clémente que les jours précédents et la *8th USAAF* dut se contenter de 150 sorties de bombardiers escortés par 336 chasseurs qui lancèrent 348 tonnes de bombes sur des cibles ferroviaires principalement à Andernach, Neuwied, Sinzig et Niederlahnstein. Le temps glacial, au sens propre du terme en cette fin décembre fut le pire qu'eut à supporter la *8th USAAF* de toute l'année 1944, causant de nombreuses pertes lors des décollages.

Les conditions pour la *9th USAAF* étaient meilleures avec une visibilité s'étendant sur 1,5 à 5 kilomètres à l'exception de nappes de brouillard matinal. Les *365th* et *368th FG* ne purent cependant pas participer aux opérations en raison du temps. Le *IXth Bombardment Command* lança ce jour 330 sorties dont 86 bombardiers sur La Roche et Houffalize qui reçurent 136 tonnes de bombes. Tout comme Saint-Vith auparavant, elles représentaient des points de blocage majeurs de la ligne de ravitaillement des troupes les plus avancées dans la profondeur du dispositif américain.

Les ruines de Saint-Vith, une fois de plus, allaient être la proie des flammes car 278 bombardiers britanniques s'en prirent à nouveau à la pauvre cité et l'écrasèrent sous un nouveau tapis d'explosifs, y larguant 1 140 tonnes, y bloquant à nouveau tout trafic. Un membre de la *Flaksturm-Abteilung 84* qui avait réussi à fuir la poche de La Gleize avec les survivants de la *KG Peiper* fut témoin de ce bombardement qui lui fit l'effet d'un *« Pompéi moderne »*.

Le lieutenant-colonel Chickering du *367th Fighter Group* devant son P-38 « Gung Ho ».

L'action aérienne des jours précédents portait pleinement ses fruits : le harcèlement des transports ferroviaires et routiers, les installations et ouvrages d'art détruits ou lourdement endommagés, les pertes en moyens de transport, les routes et villes devenues impraticables ou infranchissables, tout concourait à la ruine du système logistique allemand sur lequel pesait déjà et dès avant le déclenchement de l'offensive une très forte pression de par son manque de moyens, de la faible infrastructure routière et en raison de l'éloignement voulu de certaines réserves stratégiques, notamment en carburant.

Les pointes blindées restaient en panne d'essence et il ressortait des interrogatoires de prisonniers que des manques en termes de nourriture et de munitions commençaient à se faire jour.

En plus de ces vicissitudes, les jabos continuaient à harceler les troupes au sol. Ainsi, dans le secteur de la 6e Armée blindée, le *IXth TAC* vola 306 sorties dont 214 au-dessus du champ de bataille ardennais, larguant 88 tonnes de bombes et perdant quatre appareils. Dans la zone de Saint-Vith, 150 véhicules camouflés et dispersés furent repérés et attaqués toute la journée, les pilotes revendiquant au final 75 d'entre eux, dont huit chars. D'autres Tigers (!) furent également revendiqués au nord-est de la localité.

Plus en avant du front, le *390th Squadron* s'en prenait à des camions repérés sur les routes forestières au nord de l'Amblève tandis que dans la zone du *II.SS-Panzerkorps*, les panzers de la *Das Reich* étaient attaqués aux environs d'Erézée. Des concentrations furent également attaquées autour de Baraque de Fraiture alors que la *9.SS-Panzer-Division Hohenstaufen* était prise à partie par le *391st Squadron* à Poteau.

Pour sa part, le *XIXth TAC* n'allait pas relâcher ses efforts car durant les 26 et 27 décembre, pas moins de 1 102 sorties seront lancées, 450 tonnes de bombes larguées et les revendications des pilotes s'élèveront à 690 véhicules de transport, 90 véhicules blindés, et 25 avions pour la perte de 17 appareils.

Les troupes de la *Leibstandarte* furent également prises à partie par le *373rd FG*, du *XXIXth TAC* (202 sorties dont 157 au-dessus des Ardennes pour la journée).

Les chasseurs-bombardiers de Nugent avaient reçu l'ordre de harceler et de détruire tout transport par rail ou par route sur les arrières de la 6e Armée blindée entre Düren et Clerf. Dans l'accomplissement de cette mission les 26 et 27 décembre, 651 sorties furent exécutées et 364 tonnes de bombes larguées. 191 véhicules et 49 engins blindés furent revendiqués pour la perte de 11 des leurs.

La présence aérienne de la *Luftwaffe* au-dessus des Ardennes était jugée en déclin par les forces alliées et, de fait, les Allemands, en raison des pertes énormes subies les jours précédents ne purent réaliser que 404 sorties ; sorties dont l'impact fut encore réduit de par leur lutte contre les bombardiers lourds et le rideau quasi infranchissable représenté par les chasseurs alliés.

Seuls les Ar-234 continuaient leurs bombardements sans subir le joug des chasseurs alliés et entreprirent deux bombardements en ce

Siegfried Müller est à la tête de la *16./JG3* à la fin de l'année 1944. Il jouera un rôle d'importance lors des attaques du 1er janvier 1945. *(Collection particulière, droits réservés.)*

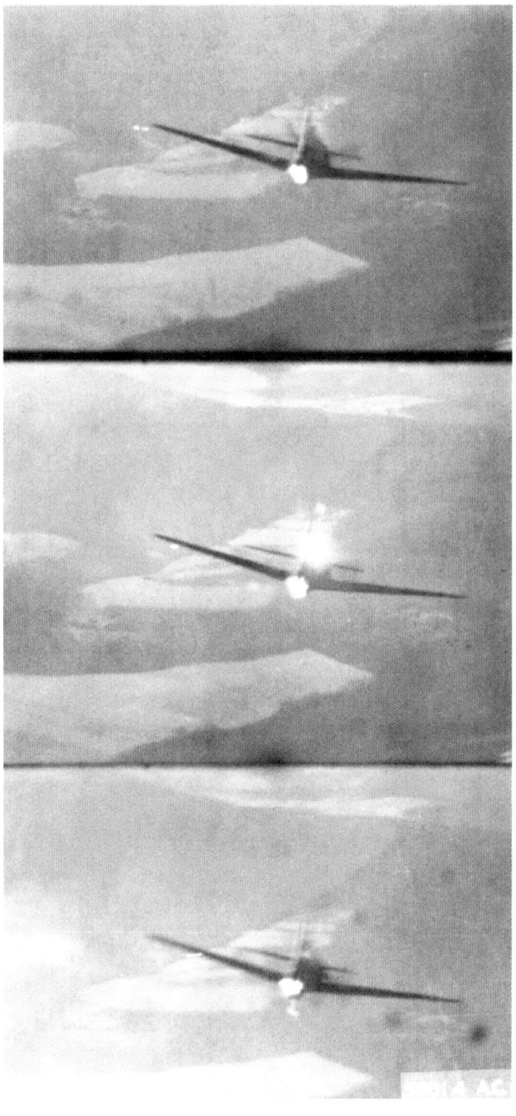

Le *Second Lieutnant* Fegan du *379th FS* est en train d'éliminer du ciel un Me-109, le 26 décembre 1944, près de Vitry, comme en témoignent ces clichés provenant de sa cinémitrailleuse.

Le *Major* James Dalglish du *353rd Fighter Squadron* du *354h Fighter Group*, « descend » un Focke-Wulf 190. On voit sur la seconde photographie le pilote allemand s'extraire de l'appareil abattu. L'action se déroule toujours le 26 décembre 1944, près de Relange.

Le 24 décembre, l'*Uffz*. Mörl de la *I./JG 3* pose sur le ventre son Bf 109 G-10 (le 7 noir) près d'Eupen. Les canons antiaériens américains ont abattu deux appareils de la *II/ JG 3* ce jour-là.

26 décembre, celui du matin délivré par 6 appareils sur Verviers, celui de l'après-midi, réalisé par 8 avions et ayant pour but Libramont.

Ils poursuivirent d'ailleurs sur ce rythme le 27, prenant pour cible Neufchâteau et les troupes de la *28th USID* la défendant, y perdant deux appareils en raison de problèmes techniques. Neufchâteau avait d'ailleurs déjà été une des cibles attaquées durant la nuit par les Ju-88 dans leurs missions de harcèlement et de nuisance. Ils y détruisirent par erreur l'école, la confondant avec la gare.

Au sol, l'agacement et le désarroi des officiers et des soldats qui se sentaient ainsi lâchés par leurs forces aériennes s'exprimaient de diverses façons, Sepp Dietrich déclarant ainsi que *« Tout ce qui vient de la Luftwaffe, c'est de la merde ! »*. De son côté, Model, qui s'était vu contraint d'interdire les mouvements de jour à ses troupes en raison de l'omniprésence des chasseurs-bombardiers alliés constatait dans son rapport : *« Sur l'ensemble du front eurent lieu les plus lourdes attaques au sol de l'ennemi, avec un point d'intérêt tout particulier sur la 5e Armée blindée, ce qui rendit tout mouvement ou opération de ravitaillement virtuellement impossible pour toute la journée... Pour cette raison, l'approvisionnement en carburant de la* 2.Panzer-Division *n'est toujours pas suffisant... Un officier envoyé par l'Inspecteur général des Troupes Blindées a rapporté des destructions considérables de véhicules dues aux attaques aériennes... La Luftwaffe n'a pu offrir qu'un répit localisé et temporaire face à l'emploi massif de l'aviation ennemie au-dessus du champ de bataille »*.

C'était là le fruit d'une confrontation inégale de 400 appareils allemands contre près de 3 500 alliés...

La préoccupation de Hitler sur le sujet fut telle qu'il envoya A. Speer, son ministre de l'armement, en tournée d'inspection. Dans le récit imagé qu'il en fit, il indiqua notamment qu'en raison des nuisances causées au trafic par l'aviation alliée, la capacité de mouvement allemande se trouvait réduite entre le tiers et la moitié de ce qu'était celle de leurs ennemis.

Jodl ne put s'empêcher de constater ce qui s'imposait à tous en déclarant à Hitler *« Mon Führer, nous devons affronter la réalité. Nous ne pouvons pas franchir la Meuse ! »*. Même Hitler dut s'y résoudre : *« Nous avons eu des revers inattendus car mon plan n'a pas été suivi à la lettre, mais tout n'est pas perdu »*. Et ce fut dès lors l'acharnement autour de Bastogne...

Göring, après une violente algarade avec Hitler à qui il avait annoncé que la guerre était perdue, quitta son entourage pour rejoindre Carinhall, sa propriété au nord de Berlin. Il faut dire aussi que Hitler venait de lui déclarer dans un accès de rage qu'il le ferait fusiller s'il cherchait à mener des négociations de paix de sa propre initiative !

27 décembre

Dietrich, maintenant chargé de faire payer à Bastogne l'échec de l'offensive, se plaignait à Speer qu'il ne recevait plus de munitions car les accès logistiques avaient été coupés par les attaques aériennes. La 6e Armée blindée se plaignait de *« l'importante activité aérienne ennemie alors que la Luftwaffe est absente du ciel »*.

La *HG B* ne dit pas autre chose dans son rapport : *« La Force Aérienne* (alliée) *a dominé les cieux aujourd'hui et* (l'ennemi) *en a fait un plein usage en détruisant systématiquement tous les nœuds de communication. Un emploi de l'ensemble de nos propres chasseurs n'est parvenu qu'à apporter un répit très limité. La destruction progressive de nos gares, de nos lignes ferrées, et de nombreux carrefours routiers dans l'Eifel rend la situation logistique à la fois tendue et dangereuse. Certains trains dont le chargement était à destination de la 7ᵉ Armée durent être déchargés le long du Rhin, trop loin des troupes étant donné le manque de carburant et la faible capacité d'emport pour un transport rapide... ».*

Ces trois photographies témoignent des terribles destructions que subissent les petites villes ardennaises d'Houffalize et La Roche après les bombardement de la *9th Air Force*. Les tapis de bombes lancés par les A-20 et les B-26 Marauder ne laissent aucune chance aux bâtiment civils comme aux objectifs militaires.

Dans un autre communiqué, le Directeur Général des Transports de l'Ouest indiquait que *« le trafic ferroviaire était tout simplement bloqué, que les chasseurs-bombardiers avaient détruit ces derniers jours les installations nécessaires au trafic de façon intensive et réduit à néant les pénibles travaux de réparation entrepris ».* Dans un autre passage, il parle d'un délai de 14 jours pour rétablir le trafic, de la destruction des liaisons téléphoniques qui, à son tour, interdit toute possibilité de réorientation des trains.

Le 27 n'allait pas apporter d'accalmie aux Allemands car la météo permit l'envol de 2 770 appareils alliés auxquels ne purent s'opposer que 415 avions de la *Luftwaffe* ; seulement 78 de ceux-ci purent exercer leur rôle dans des missions d'attaque au sol, trop faible soutien pour

les forces terrestres. En fait, rares furent en réalité les appareils allemands capables de percer l'écran de protection dressé au-dessus du champ de bataille par les forces aériennes alliées et lourdes furent les pertes. Ainsi, au *JG 1*, seuls deux pilotes revinrent à la base sur les 17 envoyés au combat… Le *JG 3* indiquait en fin de journée 12 pilotes tués ou manquants. Ces pertes démontraient aussi le nouvel allant des pilotes allemands, comme le signalait d'ailleurs le rapport du *IXth TAC* trouvant la *Luftwaffe* beaucoup plus active au-dessus et en arrière de la zone des combats.

En raison du mauvais temps au Royaume-Uni, seules 575 forteresses volantes avaient pu décoller pour s'en prendre une nouvelle fois aux infrastructures ferroviaires situées à l'est des Ardennes et en Allemagne occidentale. La *RAF* envoya sur Saint-Vith, suivis par des Typhoon du *83rd Group*, 274 bombardiers. Les installations ferroviaires de Cologne aussi furent la proie des Britanniques qui y envoyèrent 278 bombardiers. Mûnchen-Gladbach fut la cible, de jour, de 191 autres ainsi que Opaladen en soirée (313 bombardiers). 338 revinrent sur Mûnchen-Gladbach et Bonn, de nuit cette fois.

Les bombardiers moyens attaquèrent pour leur part des cibles situées dans le Rhineland : 663 avions lançant 1 277 tonnes de bombes

La *IXth USAAF* réalisa pour sa part 1 238 sorties réparties entre le *IXth TAC* (311), le *XIXth TAC* (544) et le *XXIXth TAC* (383), dont 700 au-dessus des Ardennes.

La *IXth Bomb Division* s'en prit une nouvelle fois à La Roche (55 tonnes de bombes larguées), Houffalize (60 tonnes) et les ponts ferroviaires au moyen de 326 sorties de ses B-26 et A-20. Malgré tout, le pont de Houffalize tenait toujours et permettait aux Allemands d'y écouler leurs convois.

La décision de Hitler de concentrer vainement les moyens terrestres sur Bastogne n'était pas non plus sans conséquences. En effet, la 6e Armée blindée qui y était redirigée en grande partie offrait aux aviateurs alliés de nouvelles cibles au travers de ses nombreux mouvements dans la zone comprise entre Saint-Vith et Houffalize. Les zones de Malmédy et Ligneuville furent également attaquées. Un dépôt de munitions fut détruit aux environs de Trois Vierges. La *3.Panzergrenadier-Division* fut prise à partie lors de sa montée au front à de nombreuses reprises, les jabos alliés déclarant lui avoir détruit 56 véhicules dont huit panzers.[6]

6. Un rapport de la *2nd TAF* britannique est assez éclairant quant à l'impact réel des opérations de mitraillage au sol des colonnes blindées et de transport adverses : *« la contribution des forces aériennes à l'endiguement puis à l'élimination finale de la poussée ennemie à travers la Belgique fut très importante ; néanmoins, elle ne le fut pas tant par la destruction directe de blindés, ce qui semble insignifiant, mais plutôt par le mitraillage et le bombardement des routes d'approvisionnement qui empêchèrent l'acheminement de ressources vitales au front ».*

Insigne de bras de spécialité de radio-navigant des *US Army Air Forces*. (Collection particulière.)

5. La fin de l'année

28 décembre

Le 28 décembre permit aux Allemands de lécher leurs plaies car les conditions de vol étaient détestables : chutes de neige et nuages bas qui clouèrent la majeure partie de la *9th USAAF* au sol.

Au Royaume-Uni, les conditions étaient un peu meilleures et s'améliorèrent encore dans l'après-midi si bien que la *8th USAAF* de Doolittle lança ce jour-là 1 232 sorties et 3 172 tonnes de bombes sur des villes comme Cologne, Irlich, Remagen ou Kaiserlautern, attaques toujours orientées vers la destruction de tout trafic ferroviaire à destination des Ardennes.

Pour les troupes allemandes au sol, l'absence notable des chasseurs-bombardiers alliés était un grand soulagement. Pour le commandement et Model en particulier, cela ne résolvait qu'une partie des nombreux problèmes qui se posaient à son groupe d'armées car, comme il le notait, *« les améliorations essentielles du réseau ferroviaire lourdement chargé ne sont pas encore évidentes ».*

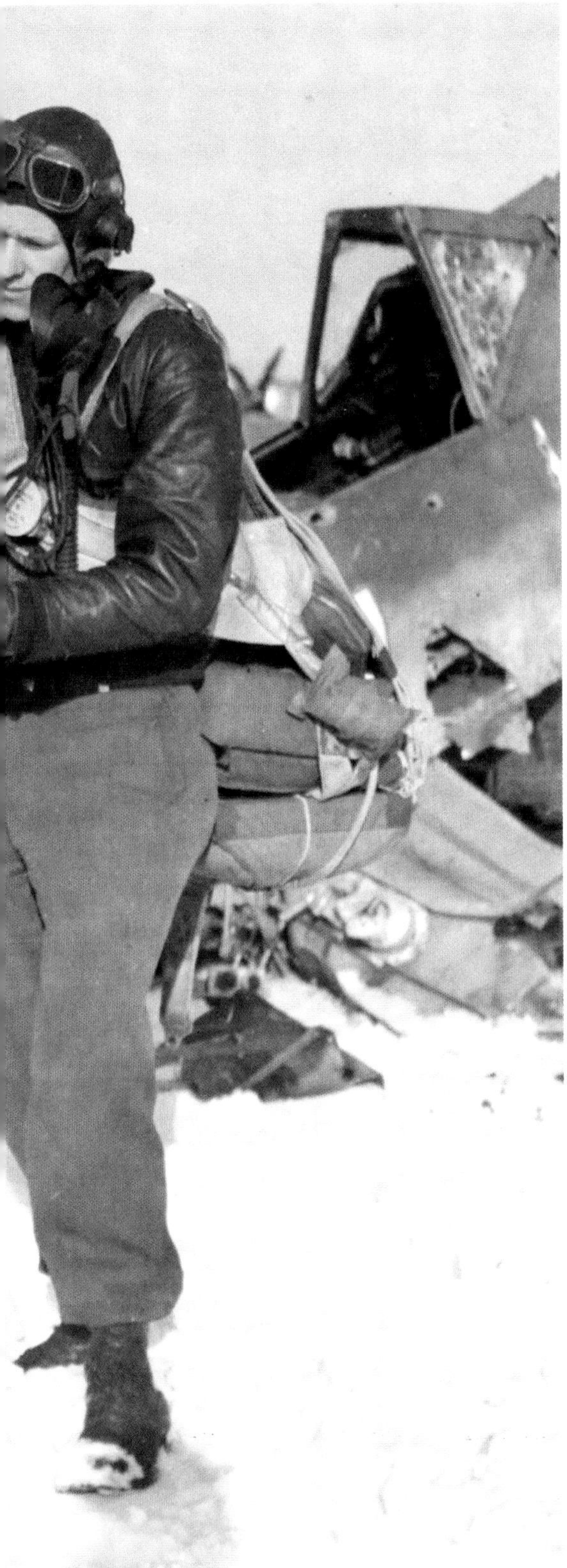

L'effort de la *Luftwaffe*, dans ces conditions de vol épouvantables ne se monta qu'à 15 appareils.

En quatre jours, les Alliés avaient volé près de 10 000 sorties, revendiquant 2 323 véhicules à moteur, 207 véhicules blindés, 45 trains et 7 ponts. Les pertes de la *IXth USAAF* du 17 au 27 décembre s'élevaient quant à elles à 147 chasseurs et 45 bombardiers moyens, ce qui n'avait rien de marginal. Ces pertes incitèrent Vandenberg à demander d'urgences de nouveaux appareils à Spaatz sans quoi l'efficacité de certaines de ses unités pourrait fortement en pâtir.[1]

La conclusion de cette période pourrait revenir à un rapport allemand soumis à l'OKW le 28 décembre selon lequel on notait *« une rapide montée des dommages et des pertes »* dus aux assauts aériens. On pouvait notamment lire dans ce texte la phrase suivante, laconique et lourde de sens :

« Dans les zones proches du front, c'est déjà comme en Normandie. »

29 décembre

Le temps, loin d'être idéal pour le vol, s'était tout de même suffisamment amélioré par rapport à la veille pour permettre une activité alliée plus intense au-dessus des Ardennes et des zones ciblées à travers la stratégie engagée les jours précédents. Ainsi, la *IXth USAAF* vola 460 sorties, essentiellement dues au *Sixte TAC*, les deux autres étant encore cloués au sol. À noter à l'occasion de ces raids une attaque de la *1.SS-Panzer-Division* par le *378th Squadron* entre Hamiville et Longvilly. Là encore, les revendications de véhicules détruits se comptaient en dizaines. À l'est d'Houffalize, ce fut un dépôt de munitions qui lui aussi partit en fumée dans des tonnerres d'explosions. Le 30, les hommes de Weyland volèrent encore 470 missions, essentiellement dans la zone Echternach – Bastogne, avec quelques missions dans la zone devenue maintenant plus calme aux environs de Saint-Vith et dans la zone de Coblence – Mayen. Malgré l'absence de la *Luftwaffe*, douze appareils furent perdus en raison de la Flak sur ces deux jours.

La *8th USAAF* fit voler ce jour-là 800 B-17 escortés par pas moins de 724 chasseurs pour

1. Pour illustrer les pertes subies par les Alliés, on pourra également s'intéresser au *405th FG*. Ce groupe, en décembre, perdit en effet 15 pilotes et 22 appareils. 111 autres ayant subi des dommages liés à l'activité de la Flak.

Le colonel Ray. J. Stecker, commandant du *365th Fighter-Bomber Group*, de la *9th Air Force*, entouré de ses *Squadron leaders* - de gauche à droite, le *Lieutenant-Colonel* Georges R. Brooking (*386th Fighter Squadron*, 1 victoire), le *Major* John W. Motzenbecker (*387th FS*), le colonel Stecker, et le *Major* Robert M. Frye, (*388th Fighter Squadron*, 2 victoires) - évalue la mission achevée. À l'arrière-plan, une carcasse de Fw-190, vestige des premiers occupants de ce terrain, près de Metz, désormais utilisé par les Américains.

Junkers Ju-88 G6 de chasse de nuit de la *I./NJG-4* photographié lors de sa préparation sur un terrain enneigé, Allemagne, décembre 1944. *(Collection particulière, droits réservés.)*

Les armuriers achèvent de recharger les mitrailleuses de ce P-47 D appartenant probablement au *365th Fighter Group*. Le terrain enneigé ralentit toutes les actions du personnel au sol et tout particulièrement l'accrochage des bombes de 500 livres sous les ailes des chasseurs-bombardiers.

Ces parachutistes allemands mettent en œuvre un Flakvierling 38 de 20 mm. Cet affut quadruple, doté d'une cadence de tir de 1120 projectiles (4 x 280 par minute) se révèle meurtrière pour le pilotes de chasseurs-bombardiers américains souvent obligés d'attaquer à basse altitude. *(Collection particulière, droits réservés.)*

aller attaquer encore et toujours et au moyen de plusieurs raids délivrant chacun 100 tonnes de bombes sur l'objectif, des cibles visant à paralyser le transport et à isoler la zone des combats du monde extérieur, côté allemand. Elle renouvela ses efforts le lendemain avec 1 315 bombardiers et 572 chasseurs, larguant 1 300 tonnes de bombes.

Il est à noter que, malgré tous les efforts déployés, peu de ponts succombaient aux assauts

Ce P-38 termine son approche avant d'atterrir sur un terrain de fortune américain en Belgique ou dans l'est de la France. La très sommaire « tour de contrôle mobile » en planches et plexiglas est montée sur une remorque de jeep. Cette matériel témoigne à la fois de l'extrême mobilité des unités du Bombardement tactique américain et de la grande précarité régnant dans l'avancée de ces unités dans le nord de l'Europe.

renouvelés des bombardiers alliés, même si ceux-ci, grâce à Ultra eurent le plaisir d'entendre qu'en raison des bombardements le pont de Remagen était fortement endommagé et ne pourrait pas être rendu à une quelconque activité avant plusieurs semaines.

De son côté, la *Luftwaffe* faisait ce qu'elle pouvait, lançant 130 appareils dans des missions d'appui au sol et 35 chasseurs de nuit. La plupart des sorties se concentrèrent au nord, face aux appareils britanniques.

À noter que ce 29 décembre fut baptisé, à raison, le jour noir d'une des plus brillantes unités de chasse de l'armée allemande, le *JG 52*. En effet, se conformant à des ordres émanant de la troisième *Jagdivision*, la *II.Gruppe* de cette unité devait envoyer chaque *Staffel* à tour de rôle et à basse altitude vers Osnabrück pour y intercepter des chasseurs britanniques qui y sévissaient. Le *Hauptmann* Weiss obéit aux ordres en dépit de ses réticences à engager ses chasseurs de la sorte, les condamnant à coup sûr, s'ils étaient repérés par une formation ennemie volant à une altitude supérieure. Il ordonna que chaque *Staffel* décolle avec une heure d'intervalle.

La *9.Staffel*, la première à décoller, fut pris dans une embuscade par les Spitfire du *441st Squadron* de la *Royal Canadian Air Force*. Le bilan, au bout de quelques minutes, était atterrant : six pilotes tués, d'autres contraints à sauter.

Weiss, voyant l'état dans lequel rentraient les quelques survivants, fit préparer son avion et décolla. Ayant pris cette fois de l'altitude, il fondit avec son état-major sur les Spitfire des *331st* et *401st Squadron*. Dans le combat aérien qui s'ensuivit, les appareils britanniques furent bientôt rejoints par les Typhoons des *168th* et *439th Squadrons*. Côté allemand, la *11.Staffel* se joignit bientôt au ballet aérien. Rapidement, succombant sous le nombre, les Allemands durent se retirer mais bien peu en réchappèrent, y compris Weiss lui-même dont l'appareil fut abattu par des Tempest du *56th Squadron*.

Ce pilote allemand est le *Fw.* Johannes Birnbaum de la *9. /JG 77*, versée pour l'offensive allemande à la *I.JG1*. Il disparaît le 27 décembre 1944 aux commandes de son Me-109 G. Cette photo est antérieure à la bataille des Ardennes. *(Collection particulière, droits réservés.)*

Un engin de déneigement monté sur un camion Chevrolet du *Service Command* de la *9th Air Force* dégage la piste d'envol pour les P-47 du 365*th Fighter Group*.

La dernière vague, composée de la *12.Staffel* sous les ordres de l'*Oblt.* Dortenmann s'envola à son tour jusqu'à une altitude de 20 000 pieds, ignorant les ordres lui enjoignant de descendre à 6 500. Il ne souhaitait pas reproduire le schéma qui avait vu tomber ses camarades. Ils tombèrent à leur tour sur 22 appareils du *56th Squadron* et du *3rd New Zealand Squadron*. Deux avions alliés furent détruits et un appareil allemand également. Quand Dortenmann revint à la base, il se vit signifier que la *3.Jagdivision* voulait le faire passer en cour martiale. Il resta un temps cantonné à un rôle administratif, son supérieur étant lui conscient qu'il avait sans doute épargné la vie de ses camarades en agissant de la sorte. Les poursuites cessèrent et il *« revint aux affaires »* en tant que commandant de la *III.Gruppe*. En tout 14 pilotes avaient été tués et 17 appareils perdus en ce *Schwarze Tag*.

Pour l'ensemble des pilotes de chasse allemands qui prirent l'air ce 29 décembre, les chances de survie ne furent guère plus élevées avec 30 % qui n'en revinrent pas…

La *IXth Bombardment Division* fut considérablement gênée par le mauvais temps et dut rappeler ses 111 bombardiers moyens envoyés en mission le matin en raison du temps ; il en fut de même d'un raid de 37 appareils le lendemain. Seuls six bombardiers moyens purent réaliser leur mission de bombardement sur ce qui restait de Saint-Vith, martyre, y déversant douze tonnes supplémentaires.

Des civils belges aident les personnels au sol du *IXth Air Force Service Command* à dégager un P-47 Thunderbolt de sa gangue de neige. Remarquez que cet appareil porte encore les bandes d'identification noires et blanches à l'arrière du fuselage, disposition qui semble, comme les photos de cet ouvrage l'attestent souvent, avoir été abandonnée sur les appareils métal nu.

De nuit, les Mosquito britanniques s'en prirent à l'aveugle, en raison du temps, à Vielsalm qui fut à nouveau attaquée au moyen de 36 Mitchell et 60 tonnes de bombes le lendemain et malgré une météo contraire.

30 décembre

La météo du 30 ne fut guère clémente pour les opérations aériennes. 470 sorties furent entreprises par le *XIXth TAC* et 36 par le *XXIXth* dont seulement 68 au-dessus des Ardennes. Mais si les Ardennes étaient dans la brume, cela n'était pas le cas de la zone à l'est de celles-ci et les missions d'interdiction s'y déroulèrent en grand nombre.

De son côté, la *8th USAAF* dépêcha 1 354 bombardiers et 572 chasseurs, encore et toujours contre le réseau de communications allemand, qui reçut 3 500 tonnes de bombes supplémentaires en cette occasion, sans opposition de la part de la *Luftwaffe*. Le raid ne dut déplorer la perte que de quatre bombardiers et deux chasseurs. Seuls 130 chasseurs avaient d'ailleurs pris l'air face aux 2 600 appareils alliés en ce 30 décembre.

Côté allemand et au sol, la situation était dramatique en ce sens où la désorganisation de la chaîne logistique entraînait une désorganisation et un affaiblissement progressifs des forces attaquantes. Des convois entiers étaient immobilisés faute d'essence et la 6e Armée blindée se plaignait du fait que ses deux routes de ravitaillement étaient maintenant obstruées par des camions en panne sèche. Et l'*OB West* de conclure *« la sévérité des effets de la force aérienne ennemie peut certainement être comparée avec celle de Normandie »*.

Sur le terrain de Chièvres, en Belgique, fin décembre 1944, un P-47 D du *387th Fighter Squadron* du *365th Fighter Group « Hell Hawks »*, « tous pleins faits », s'apprête à partir en mission de bombardement. Le *Lieutenant* Gerald Kunkle, n'est pas encore monté à bord.

Des chasseurs-bombardiers américains Republic P-47 Thunderbolt décollent pour attaquer les cibles allemandes dans les Ardennes. L'avion au premier plan est piloté par le *First Lieutenant* Archie Maltbie du *365th Fighter Group*.

Republic P-47D-30-RE Thunderbolt, du *Lieutnant* Robert J. Klopotek « The Mad Pole », du *356th Fighter Squadron*, *354th FG*, terrain de Rosières-en-Haye, décembre 1944.

Republic P-470-25-RE Thunderbolt, appareil personnel du *Major General* William E. Kepner, patron du *8th Fighter Command* puis de la *2nd Bomb Division* de la *8th Air Force* avant de prendre la tête de la *9th Air Force* en 1945.

31 décembre

La météo du dernier jour de l'année se montra plus clémente et permit à certaines parmi les formations de la *9th USAAF* de prendre l'air. 703 missions furent ainsi réalisées : 147 par le *IXth TAC*, 296 par le *XIXth* et 70 par le *XXIXth*. Peu furent cependant effectuées en faveur des troupes au sol au-dessus des Ardennes en raison des mauvaises conditions qui y régnaient, surtout au sud, là où les combats se focalisaient désormais. Preuve de l'impact de ces difficultés engendrées par les conditions météorologiques, le bilan de la journée s'élevait à deux appareils ennemis abattus et trois perdus pour le *IXth TAC*. La *IXth Bombardment Division* ne put lancer aucun appareil. Le *XIXth TAC* dut renoncer à son appui sol des troupes de Patton en raison des mauvaises conditions de visibilité sur zone.

08 h 45, un matin de décembre, les chasseurs-bombardiers Lockheed P-38 Lightning du *370th Fighter Group* sur la base aérienne américaine A-78 à Florennes, à quarante kilomètres à l'ouest de Dinant, sont prêts à prendre leur envol pour attaquer les colonnes de ravitaillement de la *2.Panzer-Division* sur la route au sud de Marche.

Le nord des Ardennes fut donc à nouveau pris à partie : Malmédy, La Roche, Saint-Vith, Hollerath, Euskirchen. Prüm subissant notamment un *« traitement »* au napalm par le *48th FG*.

Du côté de la *RAF*, les bombardiers s'envolèrent pour frapper de nuit la ville de Houffalize par laquelle les Allemands maintenant refluaient ; 97 bombardiers et 530 tonnes de bombes. La *IXth Bombardment Division*, le 30 décembre, avait également largué 60 tonnes sur la ville.

La même nuit, 457 bombardiers de la *RAF* avaient frappé Cologne alors que, le lendemain matin, 763 tonnes de bombes étaient larguées par le *Bomber Command* sur le réseau ferré de Vohwinkel.

Ci-contre : ces trois pilotes du *365th Fighter Group* - les *Lieutnant* Robert Tracey, Bob Thoman et John Vitz - posent devant les restes du « Ma Chérie », le P-47 Thunderbolt de Thoman.

Republic P-47D Thunderbolt « Margo », du *405th Fighter Squadron, 511th Fighter Group* ; *8th Air Force*, Saint-Dizier, fin 1944.

Du côté de la *8th USAAF*, la priorité était revenue aux bombardements stratégiques maintenant que la menace semblait largement contenue dans les Ardennes, les Allemands refluant même et un raid de 1 327 bombardiers escortés par 785 chasseurs reprit le cours de la campagne de bombardement des implantations pétrolières en Allemagne, y déversant 3 500 tonnes de bombes malgré une opposition marquée des chasseurs de la *Luftwaffe*. Les Alliés perdirent d'ailleurs durant ce raid 27 B-17 et 10 Mustangs.

La *Luftwaffe* avait déployé 550 sorties en ce 31 décembre, principalement dédiées à la lutte contre la *8th USAAF* et non à l'appui sol dans les Ardennes. Les pertes avaient néanmoins été très lourdes avec 24 pilotes tués et 11 blessés dans leurs efforts contre les bombardiers alliés.

Du côté du *II.Jagdkorps*, seules 188 sorties avaient été lancées. Le temps n'était pas la seule explication à cette faible activité car déjà se préparait l'offensive aérienne baptisée *Bodenplatte* que l'on croyait pourtant enterrée, et dont nous traiterons par la suite, et des ordres stricts avaient été passés aux unités visant à économiser ce qui leur restait de potentiel offensif. Treize appareils furent cependant perdus.

À signaler, côté allemand, des tentatives, vaines pour la plupart, de reconnaissance des futures cibles de *Bodenplatte*. Seul un Arado du *Kommando Sperling* parvint à ramener des informations quant aux installations de la zone Anvers–Saint-Trond–Venlo.

De même, 63 appareils menèrent des actions de harcèlement sur les arrières alliés aux premières heures de ce 31. Ainsi, le *I.Jagdkorps* envoya 36 chasseurs de nuit dans le cadre d'une mission continue de 18h le 30 à 4 heures le 31 au-dessus de la zone Verdun–Sedan–Luxembourg–Metz avec un accent tout particulier dans la zone de Bastogne.

Ci-dessus : un Mistel Ju-88-Messerschmitt 109 est abattu au-dessus des Ardennes par le *First Lieutnant* Howes, d'un *Fighter Squadron* de la *8th Air Force*, à bord de son P-51 Mustang. On distingue, à gauche, le pilote allemand ayant réussi à s'extraire de son cercueil d'acier. La bombe volante - le Junkers 88 est effectivement rempli d'explosif - ira exploser bien loin de son objectif. *(Collection particulière, droits réservés.)*

Focke-Wulf 190 du *SG 4*, une unité d'appui au sol très impliquée dans les combats pour Bastogne. *(Collection particulière, droits réservés.)*

Ce P-38, d'un des trois *Fighter Groups* équipés de cet appareil pendant la bataille des Ardennes, a été momentanément parqué dans les ruines des hangars du terrain de Florennes. Le Lightning a une vitesse maximum de 713 km/h. À 3 000 mètres d'altitude, il est plus rapide que le Fw-190A ou le Me-109G allemands. Cet appareil est armé d'un canon automatique de 20 mm et de quatre mitrailleuses de 12,7 mm dans le nez. La charge en bombes est de 4 000 livres (1 818 kg) au maximum, soit autant qu'un bombardier B-26...

Ci-dessous : les quatre membres d'équipages de ces Douglas A-20 Havoc du *410th Bomb Group* de la *9th Air Force* semblent soulagés d'avoir accompli une nouvelle mission au-dessus des colonnes allemandes et d'en être revenus « sans casse ».

Bien que formidablement armés, ces *Flakpanzer IV* d'une division blindée allemande n'ont pas pu résister aux attaques des appareils américains du *9th Tactical Air Command*. Désormais, rien n'est plus facile pour ces Gis que de s'emparer de ces blindés abandonnés par leur équipages. La photo a été prise près d'Houffalize.

Après le passage des Jabos, il ne reste plus que le châssis calciné de ce camion chargé de munitions quelques kilomètres au nord d'Houffalize.

Les restes d'une colonne d'une des divisions allemandes lancées à l'assaut des positions alliées dans les Ardennes après le passage des « Jabos » ou des bombardiers moyens de la *9th Air Force*. Les Américains viennent « au résultat ».

À noter la performance des Me-262 du *KG (J) 51* qui, au nombre de 31, réussirent à passer l'écran des chasseurs alliés et à bombarder – sans pertes de leur côté – Liège, Hasselt et Neufchâteau.

De même, dix Ar-234 du *KG 76* parvinrent à monter un nouveau raid sur Bastogne, y larguèrent leurs bombes SC-500 Tr[2] et revinrent à leur base, non sans avoir rencontré des chasseurs alliés, mais aucun appareil ne fut perdu au cours du raid.

Ce raid devait demeurer l'exception et bien peu des 137 avions du *II.Jagdkorps* dépêchés au-dessus des Ardennes parvinrent à franchir même la ligne du Rhin. Ce 31 décembre vit au total la perte de 29 pilotes dont douze blessés.

Dans la nuit du 31 au 1er janvier, 52 avions du *LG-1* s'en prirent une nouvelle fois à Bastogne. Un autre raid prit avec succès pour cible le carrefour routier de Neufchâteau.

À ce stade, le bilan de l'offensive et de l'effort considérable déployé par la *Luftwaffe* au-dessus des Ardennes, se soldait par des pertes colossales : 464 pilotes avaient été tués ou étaient portés disparus, 150 avaient été blessés, avec un pic de pertes logiquement enregistré à partir du 23 décembre puisque 316 pilotes ne revinrent pas de leur mission entre cette date et le 31 décembre. 25 % des pilotes engagés avaient été tués. Ces chiffres sont à comparer au niveau de pertes enregistrées durant la période précédant l'offensive des Ardennes : du 1er au 15 décembre, 126 pilotes de chasse avaient été perdus, ce qui donne aussi un aperçu de l'engagement et de l'intensité du combat aérien au-dessus des Ardennes.

Les aérodromes allemands n'avaient pas été épargnés non plus puisque pas moins de 80 raids de bombardement alliés les avaient pris pour cible durant les deux dernières semaines.

Du côté de la défense du Reich, la situation n'était guère plus brillante avec 5 516 sorties de bombardiers enregistrées côté *8th USAAF*

2. Bombe de 500 kg

Ju-88C de l'*Uffz.* Schulte à Kassel, été 1944. Ce pilote et son Ju-88 G1 de la *5./NJG2* seront capturés par les Alliés le premier jour de l'année 1945 lors de l'opération *Bodenplatte* allemande. *(Collection particulière, droits réservés.)*

Ce Junkers Ju-88, du *I./NJG-4* de chasse nocturne, est photographié la nuit du réveillon du nouvel an. *(Collection particulière, droits réservés.)*

Ci-dessous : à l'intérieur d'un hangar au toit arraché par les bombardements de la *8th Air Force*, des mécaniciens du *365th Fighter Group* tentent de remettre en état le moteur d'un P-47C Razorback d'un des *Fighter Squadrons* des *« Hell Kawks »*.

Ces trois pilotes de P-38 J Lightning, les *Lieutenants* Bates, Morgan et Bowers (de gauche à droite) ont quitté la salle de briefing et marchent dans la neige vers leurs montures respectives, avant une mission sur les avant-postes allemands. Ces trois officiers appartiennent probablement au *402nd Fighter Sduadron* du *370th Fighter Group*.

depuis le *Boxing Day*. Seuls 63 bombardiers et 23 chasseurs avaient été détruits pour la perte de 128 appareils de la part des *JG 300* et *301*.

À leur retour à la base, en ce 31 décembre, d'autres tristes nouvelles attendaient les pilotes : inutile d'envisager de fêter le réveillon : les permissions avaient été annulées et toute consommation d'alcool interdite. Une nouvelle page de l'offensive aérienne au-dessus des Ardennes allait s'écrire, elle aussi dans le sang.

Scène similaire, peut être le même jour, de l'autre côté du front : la mission est sur le point de commencer et les pilotes de la *I./JG 7* se dirigent vers leurs Me-109. *(Collection particulière, droits réservés.)*

Ce tracteur chenillé est l'engin idéal pour sortir les P-47 du *365th Group* de leur gangue de neige et les emmener jusqu'à la piste d'envol.

Le *Captain* George King du *365th Fighter Group « Hell Hawks »* lance le moteur de son P-47D30 Thunderbolt. L'appareil est armé de deux bombes de 500 livres sous les ailes pour une nouvelle mission de combat sur les Ardennes.

Le *Major General* Hoyt Vandenberg remet au *Lieutnant-colonel* McKee – commandant une des bases attribuées aux P-38 de la *9th Air Force* en Belgique – la *Distinguished Flying Cross*

BILAN DE L'ACTION DE LA IXth USAAF

Celui-ci, sur la base des déclaratifs et des revendications peut être considéré comme énorme car, pour la période s'étendant du 23 au 31 décembre, ce ne sont pas moins de 264 avions, 2 323 véhicules à moteur, 207 chars, 173 positions d'artillerie, 620 wagons et 7 ponts qui seront considérés comme détruits par les pilotes de la formation.

Il est intéressant de mettre ces chiffres en perspective avec le décompte réalisé par les Alliés eux-mêmes dans les Ardennes et qui y dénombrèrent 413 véhicules blindés abandonnés, toutes causes confondues, par la *HG B*. En janvier, sur 91 de ces véhicules examinés par les Ordnance Evacuation Companies, seuls 7 furent considérés comme ayant été détruits par des attaques aériennes, soit un ratio de 7,7 %. Si l'on applique ce pourcentage aux 491 véhicules blindés recensés, on trouve alors 38 véhicules blindés détruits...

Le *Lieutnant* Ateo Ciabattoni, officier d'une unité de la *9th Force*, reçoit des mains du *Colonel* Williams, de la *1st US Army*, l'*Air Medal* en décembre 1944. Lors de cette cérémonie, au moins dix officiers et sous-officiers reçurent cette décoration.

6. Les parachutages

Un doute subsiste quant à l'identification de cette photo. Il est communément admis que ce Junker 52 aurait été abattu par les artilleurs du *29th Anti-Aircraft Artillery* au-dessus de Jülich. Il aurait transporté 17 membres d'équipage et parachutistes. D'autres sources donnent un autre appareil, d'autres circonstances - même si la photo a bien été prise dans les Ardennes - et une autre unité. Quoiqu'il en soit, l'opération menée par von der Heydte est un fiasco total.

Les parachutages au-dessus des Ardennes : des destins bien distincts.

En marge de la bataille aérienne qui s'est déroulée durant cet hiver ardennais, la campagne fut également marquée par des parachutages organisés par les deux camps et il nous paraissait intéressant de les décrire succinctement au travers de ces pages tant ils ont pu (ou auraient dû) avoir un rôle important à jouer dans le déroulé des combats au sol.

Les parachutages que nous aborderons ici sont de deux ordres, un saut réalisé par les parachutistes allemands et trois raids de ravitaillement touchant les deux camps.

Le dernier saut des *Fallschirmjäger*, l'opération *Stösser* (épervier)

Alors que, depuis l'opération *Merkur* sur la Crête et ses pertes colossales, les opérations aéroportées avaient été délibérément écartées par Hitler lui-même, le Haut-Commandement allemand souhaita faire appel à ses parachutistes pour aider à la

pénétration des troupes au sol. Hitler avait tout de même conscience des limites imposées à ce corps par les vicissitudes de la guerre et il avait pris soin de proscrire une attaque directe sur les ponts de la Meuse, comme en 1940. Selon lui, le manque d'entraînement des troupes aurait conduit l'opération à un échec certain, ne servant qu'à désigner avec plus de précision aux Américains les objectifs immédiats de la contre-offensive à venir.

Il fut donc décidé de parachuter un seul régiment sous le commandement d'un officier chevronné, l'*Oberstleutnant* (lieutenant-colonel) von der Heydte. Ce parachutage devait marquer une première dans l'histoire de la *Luftwaffe* puisqu'il devait impérativement s'opérer aux premières heures de l'assaut et donc de nuit. Ce fut également le dernier saut d'une unité de parachutistes allemands de ce conflit.

La mission assignée aux parachutistes était de tenir certaines positions clés sur les arrières des Américains occupant le front face à la 6e Armée blindée. Cette action devait participer à la désorganisation et à la désagrégation de ce front et bloquer une voie d'arrivée de renforts pouvant entraver l'avancée que l'on espérait victorieuse des divisions de *VGD* et des panzers du *I.SS-Panzerkorps*.

Si la mission était ambitieuse, on ne peut certes pas en dire autant des moyens mis à la disposition de von der Heydte pour la mener à bien. Tout, et entre autres l'imposition stricte du secret, concourrait à l'échec de l'opération.

L'état des troupes tout d'abord. Pour ne pas éveiller les soupçons des Alliés, il avait été interdit au colonel de prendre avec lui son ancien 6e régiment parachutiste pour constituer cette unité ad hoc de mille hommes, car retirer ainsi de la ligne un régiment entier aurait pu paraître suspect.

Bien sûr, à ce stade avancé de la guerre, la priorité n'avait pas été mise sur la qualification au saut des parachutistes et tous ne possédaient pas le précieux insigne justifiant de ces sauts, tant s'en faut. Chaque régiment devait néanmoins donner ses 100 meilleurs hommes. Le 8 décembre au soir, huit jours avant le déclenchement de l'offensive, von der Heydte fut convoqué à une conférence au poste de commandement du groupe d'armée H par le *Generaloberst* Student. Sans guère plus de détails, von der Heydte devait attendre les ordres. Lors de cette même conférence, Student ordonna aux généraux Schlemm et Meindl de donner l'ordre de marche en direction d'Aalten, la nuit même, aux hommes appelés à constituer l'unité ! Von der Heydte devait plus tard déclarer : « *Comme je m'y attendais, les régiments n'ont aucunement envoyé la centaine de leurs meilleurs soldats. Jamais durant toute ma carrière avec les troupes parachutistes je n'ai commandé une troupe dotée d'aussi peu d'esprit de combat* ». Heureusement pour lui, la rumeur ayant couru selon laquelle il préparait quelque chose, cent cinquante hommes supplémentaires et fiables de son ancien régiment vinrent le rejoindre et il put également choisir ses officiers.

Mais, pour ne rien arranger, les carences du personnel ne s'arrêtaient pas là. Car s'il faut des parachutistes pour sauter, encore faut-il des pilotes et des directeurs de saut compétents pour augmenter les chances de succès dudit saut. Et là encore, la réalité des faits s'imposait à von der Heydte. Si le chef de l'escadre des 112 avions

L'*Oberstleutnant* von der Heydte, commandant de l'École de Combat de l'Arme Parachutiste d'Aalten. *(Collection particulière, droits réservés.)*

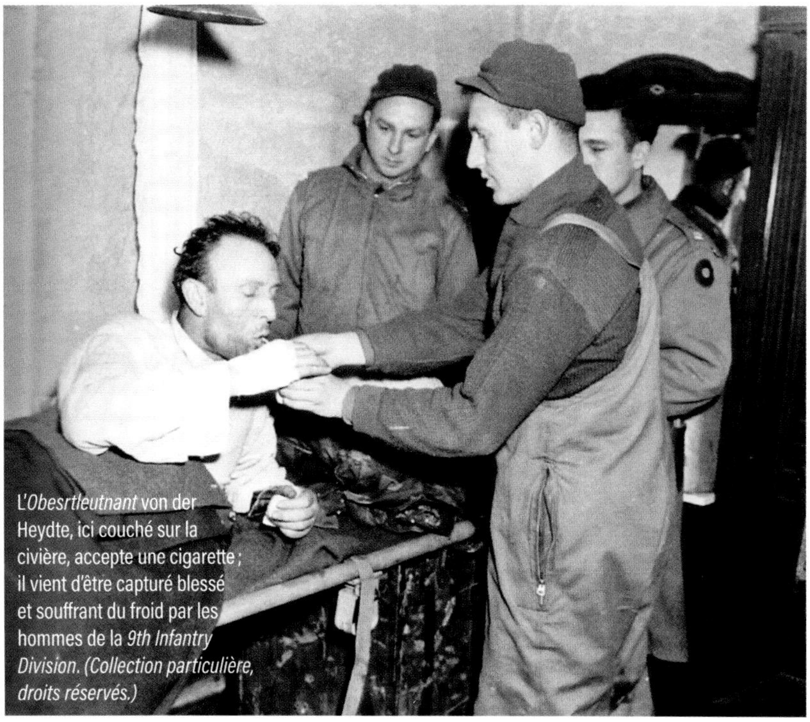

L'*Obesrtleutnant* von der Heydte, ici couché sur la civière, accepte une cigarette ; il vient d'être capturé blessé et souffrant du froid par les hommes de la *9th Infantry Division*. *(Collection particulière, droits réservés.)*

Ci-dessus : ces paras du IIe Corps de parachutistes (*Fallschirmkorps*) ont rejoint l'unité montée par von der Heydte. Ils camouflent leur casque d'un badigeon blanc avant leur départ en mission. *(Collection particulière, droits réservés.)*

de transport Ju-52 du *Transportgeschwader 2* était un ancien qui avait connu les heures terribles du ravitaillement de Stalingrad, nombre des pilotes étaient totalement inexpérimentés, sans même parler d'avoir un jour mené une quelconque mission de parachutage ! Il en allait de même des directeurs de saut.

Dans ce contexte déjà compliqué, ce ne fut que le 11 décembre que von der Heydte fut mis au courant des grandes lignes de l'offensive des Ardennes au quartier général du *Luftflottenkommando West*. Après une autre rencontre avec Dietrich qui ne donna pas grand-chose, le chef d'état-major de la 6e Armée blindée, le *Brigadeführer* Krämer, lui donna enfin une mission claire : sa *KG* serait larguée tôt le matin du premier jour dans le secteur de Baraque Michel, à 11 km au nord de Malmédy afin de tenir le carrefour ouvert pour les avant-gardes de la 6e Armée blindée. Si cette mission ne pouvait être menée à bien le premier jour, un saut alternatif, le second, dans la zone de l'Amblève ou d'Amay, serait effectué, pour y sécuriser les ponts, toujours en vue de faciliter l'avancée des avant-gardes de la 6e Armée blindée. La mission de combat qu'il reçut impliquait donc un largage sur une zone forestière et de nuit.

D'un point de vue pratique, la zone de largage devait bénéficier d'un éclairage artificiel au moyen de fusées éclairantes et autres engins du genre. Ce point était d'autant plus important que les parachutistes allemands devaient récupérer leurs armes, comme à leur habitude, dans des containers parachutés en même temps qu'eux ! De même, bien que des codes lumineux aient été établis à l'avance pour guider les transports vers leur objectif, le vol de nuit n'allait pas faciliter la tâche des pilotes.

Tout va ensuite s'accélérer : le 15 décembre au matin, l'ordre de sauter le matin suivant, entre 4h30 et 5h00 est reçu. À 17 heures, von der Heydte dévoile enfin la mission aux commandants de compagnie et chefs de section.

Ce Junker 52 a fait un atterrissage de fortune après avoir été abattu alors qu'il tentait de ravitailler un hôpital de campagne.

Après un premier retard lié au plein d'essence, les camions de transport arrivent enfin à 22 heures. Étant donné qu'à 4 heures, 50 % seulement de la troupe se trouve sur les aérodromes, il est décidé, en accord avec le général Peltz de reporter l'opération. Les troupes retournent donc à leur cantonnement. Les parachutistes ne sauteront finalement pas en ce 16 décembre, premier jour de l'assaut ; les avions décolleront le 17 à une heure du matin.

Mais l'élément qui va définitivement vouer à l'échec l'opération va alors entrer en jeu : la météorologie et le temps épouvantable tant souhaité par les Allemands pour lancer leurs panzers sans craindre l'intervention des chasseurs-bombardiers alliés.

En effet, les infos météo de la *Luftflotte* annonçaient une vitesse du vent de 6 mètres par seconde au-dessus de la zone de largage, vitesse maximale autorisée pour un largage de nuit sur une zone forestière. Et encore, cette estimation était-elle la plus favorable car le bulletin météo du terrain de Lippspringe annonçait des vitesses bien supérieures ! Et c'est ce dernier qui voyait juste. Sur la zone de largage régnait un vent tempétueux avec une faible tourmente de neige ; au moins un vent au sol de 12-15 mètres par seconde. Pire encore, ce temps calamiteux fut la cause du retard des avions qui durent lutter contre les bourrasques. Ce vent fut à la source du malheur de la *KG von der Heydte*. En effet, la dispersion sera grande et les blessés nombreux. Mais, pire, le commandant du détachement aérien s'était basé sur les prévisions du *Luftflotten Kommando West* entraînant un vol plus lent que prévu. Or, les chefs de saut, mal entraînés, en restèrent aux prévisions de temps de vol initiales sans les corriger par une éventuelle observation du terrain ou du vol. Le saut ne s'effectua donc pas sur la zone prévue. Enfin, le guidage par fusées de signalisation cessa comme prévu à 3 h 30. Or, avec le délai supplémentaire lié au vent, seuls dix avions de la première vague purent larguer leur contingent de parachutistes. L'inexpérience de tous était devenue fatale dans ces conditions très difficiles.

Pour toutes ces raisons, le largage fut un échec complet et, au final, le lieutenant-colonel von der Heydte se retrouva au sol à la tête d'une grosse compagnie d'un peu plus de 150 hommes, sans armes lourdes ni moyens de transmission, tous les postes radio mis à sa disposition ayant été détruits lors du saut. Et comme Dietrich lui avait ri au nez lorsqu'il avait évoqué la possibilité de s'équiper de pigeons voyageurs, c'en était fini de l'espoir de communiquer avec la 6e Armée blindée afin de lui communiquer sa position ou ses observations.

Vu ses faibles moyens, il était absolument inenvisageable de se tenir au plan initial et la *Kampfgruppe* ne put que mener quelques opérations de commando ou d'embuscade, capturant quelques soldats américains. Les précieuses informations glanées ou les tirs d'interdiction que l'observateur d'artillerie qui avait sauté avec lui aurait pu donner à la batterie longue portée ne purent être communiqués faute de radio opérationnelle.

Deux GIs examinent un parachute dans la région de Montjoie où la *Kampfgruppe* a sauté dans la nuit du 16 au 17 décembre.

Au lendemain des parachutages, les fantassins américains découvrent conteneurs, réservoirs et autres épaves témoins de l'échec des parachutages allemands. Ici, l'inventaire de ce conteneur révèle boîtes de munitions pour mitrailleuses, grenades et une charge de Panzerfaust.

Ce C-47 « Skytrain » du *9th Troop Carrier Command* est en route pour larguer sa cargaison au-dessus de Bastogne, le 23 décembre 1944.

Le 19 décembre sonna le glas des derniers espoirs de von der Heydte. Non seulement les avant-gardes de la 6e Armée blindée n'arrivaient toujours pas mais les hommes qu'il envoya chargés des documents les plus importants furent interceptés par les Américains et un véhicule de reconnaissance finit par repérer sa *Kampfgruppe*. Maintenant, de fortes patrouilles américaines ratissaient la zone de largage et ses anciennes positions ; l'étau se resserrait irrésistiblement.

Après deux jours sur les arrières américains, le problème du ravitaillement commençait lui aussi à se poser ; les parachutistes n'avaient été tenus au courant que d'un seul ravitaillement par air, dans la nuit du 18 décembre.

En définitive, la principale contribution de cet ultime largage fut de provoquer une certaine paranoïa à l'arrière du front américain, mue par la hantise du parachutiste embusqué. Du même coup, des unités entières furent mobilisées pour en effet donner la chasse à ces parachutistes isolés. Bien vite, ceux-ci durent évacuer, position de repli après position de repli, jusqu'à ce qu'au final von der Heydte soit obligé le 20 décembre de donner l'ordre du chacun pour soi. Il allait d'ailleurs être fait prisonnier le 22, malade et épuisé, dans la maison des civils chez qui il avait fini par trouver refuge.

Un fragile cordon ombilical

Le déroulement des combats au sol vit bientôt l'émergence de poches dans lesquelles se débattaient des unités encerclées des deux camps. Ce fut le cas de la *106th USID*, de la *Task Force Hogan* et de la garnison de Bastogne côté américain ainsi que de la *KG Peiper* côté allemand. Le destin fut varié mais rarement favorable aux troupes encerclées.

La *106th USID* prise au piège

Une des deux divisions de « bleus » positionnées dans les Ardennes pour s'aguerrir, la *106th USID* reçut de plein fouet le poids de l'offensive allemande. La majeure partie de ses unités se retrouvaient bien vite encerclées par les pinces lancées sur ses arrières par des unités des 5e et 6e Armées blindées. Le 17 décembre, le général Hodges, commandant la *1st US Army* essayait d'organiser un ravitaillement par les airs au profit de la division par la mise en œuvre de 127 C-47. Malheureusement, l'absence de communication et le temps bouché rendirent impossible ce ravitaillement qui aurait pu permettre aux régiments encerclés de résister. Épuisés et leurs ressources réduites à néant, leur sort était scellé.

Cette situation catastrophique devait se traduire le 19 décembre par la plus importante reddition

Ce C-47, après avoir été touché par la Flak allemande, s'est écrasé en flammes dans un champ près de Bastogne. Avait-il eu le temps de larguer son ravitaillement ?

de troupes américaines sur le sol européen durant ce conflit et la plus importante depuis la reddition de Bataan. Environ 8 500 hommes avaient été rayés des effectifs américains dont plus de 7 600 étaient portés disparus ; la plupart devaient prendre le chemin de la captivité.

KG Peiper : échec et mat pour les panzers *SS*

Inutile de revenir sur la percée très détaillée dans des dizaines d'ouvrages de la chevauchée sauvage, dans tous les sens du terme malheureusement, de ce groupe tactique regroupant l'essentiel des moyens blindés de la *1.SS-Panzer-Division*, la *Leibstandarte Adolf Hitler*. Placé sous les ordres du commandant du régiment blindé, l'*Obersturmbannführer* (lt-col) Peiper, ce groupe tactique entama une percée bien vite contrariée par la géographie tourmentée des Ardennes et par l'action du génie américain qui s'échinait à faire sauter les ponts sous les chenilles de ses panzers.

Le groupe tactique se retrouva à La Gleize encerclé de toutes parts par les troupes américaines rappelées de toute urgence pour lui barrer la route de la Meuse.

Le 22 décembre, le *I.SS-Panzerkorps* demanda à la *Luftwaffe* de procéder à un largage sur la zone de Stoumont, de carburant notamment, au profit de la *KG* encerclée. Vingt Ju-52 décollèrent et procédèrent au largage des containers. Malheureusement, entre-temps, la *KG* avait dû abandonner la localité de Stoumont sous la pression américaine et les containers furent perdus pour lui. De l'aveu même de Peiper, il ne put récupérer que 10 % de ce qui lui avait été parachuté, de quoi fournir juste assez de carburant pour maintenir la liaison radio avec le corps blindé. De manière assez étonnante, la *Luftwaffe* refusera par la suite toute nouvelle mission de ravitaillement à destination de la *KG*. La suite est connue, Peiper abandonnera ses blessés et tout son matériel lourd à La Gleize et, au terme d'un périple dans les forêts ardennaises, il parviendra à ramener 800 hommes dans les lignes allemandes.

23 décembre : deux garnisons américaines encerclées, deux destins

Parmi les troupes dépêchées à la hâte pour renforcer le front vacillant des Ardennes, on comptait

Les « *Screaming Eagles* » de la *101st Airborne*, acheminent dans un traineau de fortune, les ravitaillements largués par les C-47. Les « Medics », majoritaires dans ce groupe, sont manifestement chargés de la récupération des matériels, laissant aux fantassins aéroportés le soin de tenir leurs positions.

Le C-47 de la page 74 est désormais à pied d'œuvre et largue sa cargaison au-dessus des positions de la *101st Airborne Division* à Bastogne.

Ci-dessous : toujours le 23 décembre, les conteneurs parachutés depuis les avions de ravitaillement arrivent au sol dans les prés et les champs enneigés, près de Bastogne.

la *3rd US Armored Division* du général Rose. De cette division, la *Task Force Hogan* avait été envoyée pour sécuriser la route entre Manhay et Houffalize. Arrivés le 20 décembre à Hotton, le front mouvant vit ses hommes tournés puis encerclés par la *116.Panzer-Division* et les volksgrenadiers. Après avoir refusé une proposition de reddition, Hogan et son millier d'hommes attendaient désormais le ravitaillement promis par radio, en carburant (15 000 l), rations, munitions et plasma. 30 C-47 déversèrent leur chargement, mais là encore et par erreur, à 800 m hors du périmètre tenu par les troupes de Hogan. Le 24 décembre, un second parachutage fut tenté mais le précieux chargement atterrit dans des zones supposées contrôlées par l'ennemi. Le prix de ce ravitaillement fut en outre très élevé puisque Hogan affirme avoir assisté à la destruction de six des appareils par la Flak.

Hogan et ses hommes entreprirent eux aussi leur anabase, après avoir saboté silencieusement tous leurs matériels, recouverts leur visage de noir de charbon et abandonné leurs casques et tous les matériels susceptibles de les faire repérer pendant la nuit. Tous purent regagner les lignes américaines.

Bastogne : la cavalerie vient du ciel...

Le 23 décembre vit donc l'apparition du soleil et allait enfin permettre le ravitaillement de la garnison assiégée et manquant de tout.

La zone qu'elle occupait permettait en outre d'espérer que les parachutes ne finiraient pas aux mains des assiégeants !

Pour cette opération baptisée *Repulse*, la *490th Quartermaster Unit* avait chargé plus de 240 C-47. Ils s'envolèrent bientôt des terrains anglais sous la protection de 82 P-47. Les appareils du *IXth Troop Carrier* parachutèrent 192 tonnes de munitions, 12 de carburant et 35 de nourritures aux assiégés. Le choix des P-47 n'était pas un hasard car, une fois leur mission d'escorte achevée, ils restèrent sur zone pour s'employer, en tant que chasseurs-bombardiers, à alléger également la pression autour de la poche, entre mitraillages et lâchers de bombes. La suite est connue ; la garnison des troupes agglomérées autour de la *101st US Airborne* ne céda en rien jusqu'à ce que les forces de Patton puissent jouer à plein leur rôle plus classique, de cavalerie terrestre lancée au secours des assiégés.

En définitive, les parachutages opérés durant la campagne montrèrent très vite leurs limites, tant en raison des conditions climatiques les rendant impossibles ou bien difficiles à réaliser qu'en raison des aléas des combats au sol qui ne permettaient pas de garantir la possession des terrains prévus initialement pour les largages. Ajoutez à cela les difficultés de communication liées aux moyens de l'époque et à la géographie propre aux Ardennes, et l'échec était presque fatalement au rendez-vous.

Ce C-47 est un des dix-neuf Skytrain abattus par la D.C.A de la *Führer-Begleit-Brigade* à l'ouest de Bastogne le 27 décembre 1944. L'avion sur la photographie appartient au *94th Troop Carrier Squadron* du *439th Troop Carrier Group* et a été surnommé *« Ain't Missbehavin »* par l'équipage. Le pilote est le *Captain* Ernie Turner, avec le *Lieutenant* Keistutis J. « Caseuy » Narbutas comme co-pilote, le *Staff Sergeant* Richard G. Whitehurst comme signaleur et le *Staff Sergeant* John E. Douglas comme commandant de bord. Tous réchappent intacts de l'atterrissage forcé à Savy au nord-ouest de Bastogne, à l'intérieur des lignes américaines.

Dans Bastogne sauvé, fantassins et parachutistes ont réussi leur jonction. Civils et paras de la *101st Airborne Division* ont tenu grâce aux ravitaillements aériens réalisés par la *9th Air Force*.

7. La météo

La neige demeure un des principaux soucis des personnels au sol de la *9th Air Force*. Tendre des bâches sur les camions ou les appareils parqués au sol les protège ou les camoufle, mais réserve quelques belles séance de gymnastique quand il s'agit de le retirer.

Considérations d'ordre général sur la météorologie et rappel sur la durée du jour au moment du déroulement de la bataille.

Citons M.G. de Lame : *« Plusieurs années déjà avant la guerre, le service météorologique allemand étudiait à fond la prévision à longue échéance. Partant du principe qu'à position identique des cyclones et des anticyclones, aux mêmes dates, devrait normalement s'ensuivre une évolution identique du temps, le service allemand entreprit une tâche formidable compulsant des dizaines de milliers de cartes « météo » et établissant des milliers de fiches car on sait qu'en temps de paix, les stations météorologiques de tous les pays se communiquent mutuellement leurs observations.*

Si la confection des prévisions en l'espèce exigea un travail énorme, il paraîtrait que le résultat obtenu était non moins sérieux : l'évolution du temps pouvait être prévue pour une période d'au moins neuf jours, avec 70 à 80 % de chance d'exactitude. »

Cette carte présente les stations météo le long du front des Ardennes où ont été relevées les températures citées dans ce chapitre. (© JM Mongin.)

En outre, à côté de ces modèles météorologiques, les Allemands bénéficiaient d'une Station secrète allemande dans l'Arctique qui leur permettait d'affiner leurs prévisions.

Enfin, les Allemands pouvaient également compter sur des sous-marins océaniques leur transmettant de précieuses observations météorologiques.

Ces éléments expliquent en grande partie la précision avec laquelle avait été déterminée la première date de l'offensive puis ses reports successifs.

Du côté allié, la météo joua également un rôle important quoique différent. On a rapidement eu tendance à accentuer la densité du brouillard œuvrant à la désorganisation et à la confusion qui suivit l'attaque allemande dans les rangs américains. Ike, dans *Croisade en Europe*, mentionne à la date du 16 décembre: *« un brouillard impénétrable »* et laisse entendre que la situation s'améliora à partir du 23 décembre seulement.

Harris inscrit déjà une nuance, en constatant de son côté que le temps avait été détestable durant la première semaine. *« Qu'il y eut du brouillard et des nuages bas sur de larges zones du front. »* Il déclare que sa branche, le bombardement, fut seule capable *« d'opérer contre les communications utilisées par les armées de l'invasion ».*

Des observations pour leur part rapportent les éléments suivants:

L'institut Royal Météorologique donne cet aperçu du temps qui a régné sur la Belgique entre le 16 et le 20 décembre. Des constatations du même ordre ont été faites à Spa sur la même période:

16 décembre: très nuageux à couvert, brumeux par places, pluie et bruine intermittente faible, frais.

17 décembre: très nuageux à couvert, transparence de l'air bonne, vent assez fort, pluie faible surtout la nuit, moins frais que la veille

18 décembre: couvert à très nuageux, éclaircies le soir, bonne visibilité, un peu de pluie le matin, relativement doux.

19 décembre: brouillard très répandu jusqu'à midi, pluie faible, neige au sol, à l'altitude de la Fagne, les 16 décembre et jours suivants.

Amélioration à partir du 22 avec un ciel clair le 23 et un vif refroidissement à partir du 24.

Pour rappel, donnée importante pour les pilotes, surtout à cette époque, le 16 décembre, l'aube commença à 07 h 50 et le soleil se leva à 08 h 29. Il se coucha à 16 h 35 et le crépuscule suivit rapidement à 17 h 13.

Cette photographie illustre à merveille la situation à laquelle sont confrontés les belligérants sur le théâtre d'opérations : la neige recouvre tout. Ce jour, il fait grand beau.

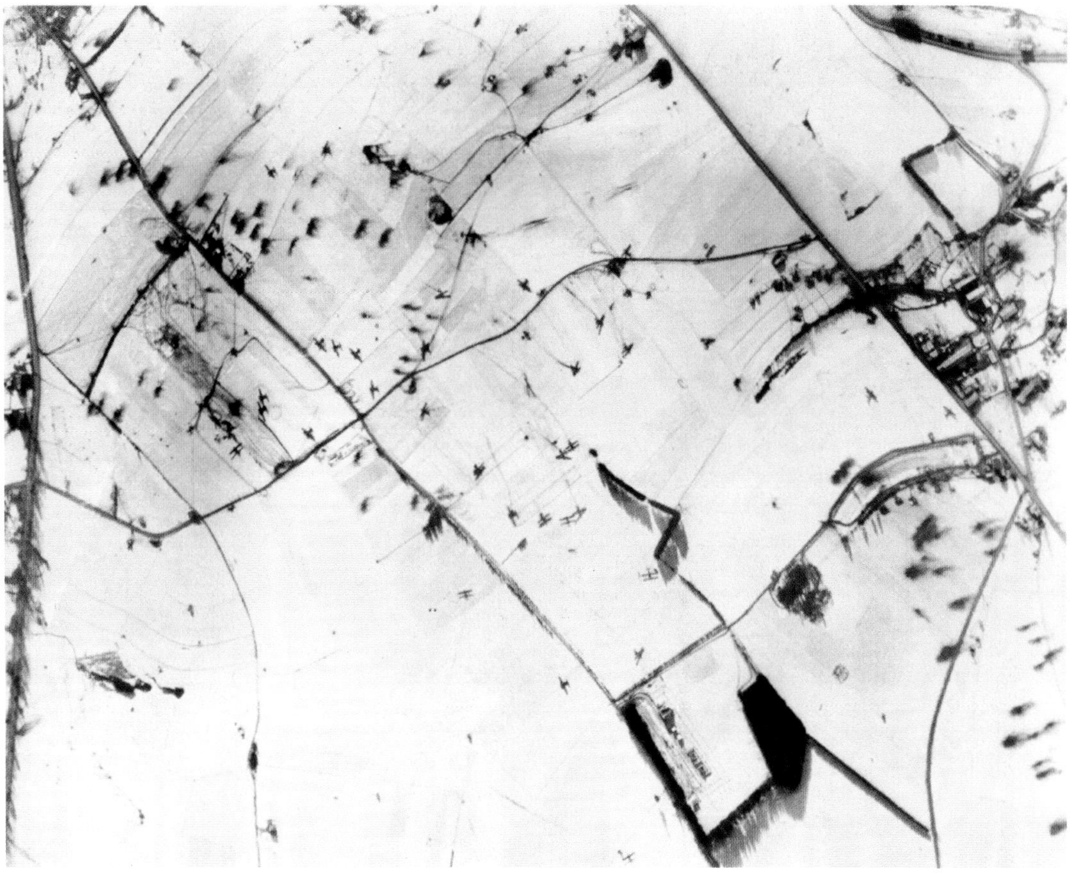

Un camion GMC 353 et sa lame chasse neige du *925th Engineer Regiment* du *9th Engineer Command* tente de déblayer la piste principale de ce terrain de la *9th Air Force* en Belgique, en décembre 1944. À l'arrière-plan, des Piper L-4 d'observation et de réglage d'artillerie.

Décembre 1944. Censure oblige, nous ne saurons jamais, sur quelle zone du territoire du Reich ces aviateurs de la *9th Air Force* préparent leur mission. Les hommes du renseignement américain ont parfaitement effacé toute indication de la grande carte murale de la salle des opérations de ce *Bomber Squadron.* *(NARA.)*

8. "Bodenplatte" ou l'offensive qui n'aurait jamais dû avoir lieu

Ce Focke Wulf 190 a été sévèrement touché par un chasseur américain d'un *Fighting Squadron* de la *9th Air Force*. Le pilote allemand n'a pas eu d'autre choix que de quitter son appareil en perdition et il ne va pas tarder à ouvrir son parachute. La maîtrise du ciel est alliée, cette fois encore. *(NARA.)*

C'est avec un effarement certain que fut reçu le message envoyé par la *3.Jagddivision* tard dans l'après-midi du 31 décembre 1944 et qui faisait écho à une antique victoire germaine sur les légions de Rome en l'an 9 de notre ère[1] : *« VARUS 1 1 45 TEUTONICUS, (la seconde partie du code, HERMANN 9 h 20, suivant peu après minuit) »*. Le décodage de cette phrase signifiait une attaque à 9 h 20 le lendemain, 1er janvier 1945, des aérodromes alliés en Belgique, aux Pays-Bas et aussi pour deux d'entre eux, en France.

En effet, pourquoi avoir attendu si longtemps après que les cieux se fussent à nouveau montrés cléments pour les Alliés, après avoir subi autant de pertes au-dessus des Ardennes et alors que l'offensive terrestre semblait bel et bien enlisée ?

Mais les ordres restant les ordres et afin d'augmenter l'impact de l'opération, il fallait donc interdire tout autre vol, partager l'information avec les pilotes et prendre toutes les mesures pour remettre en état de marche un maximum de machines pendant la nuit. Celle-ci fut donc

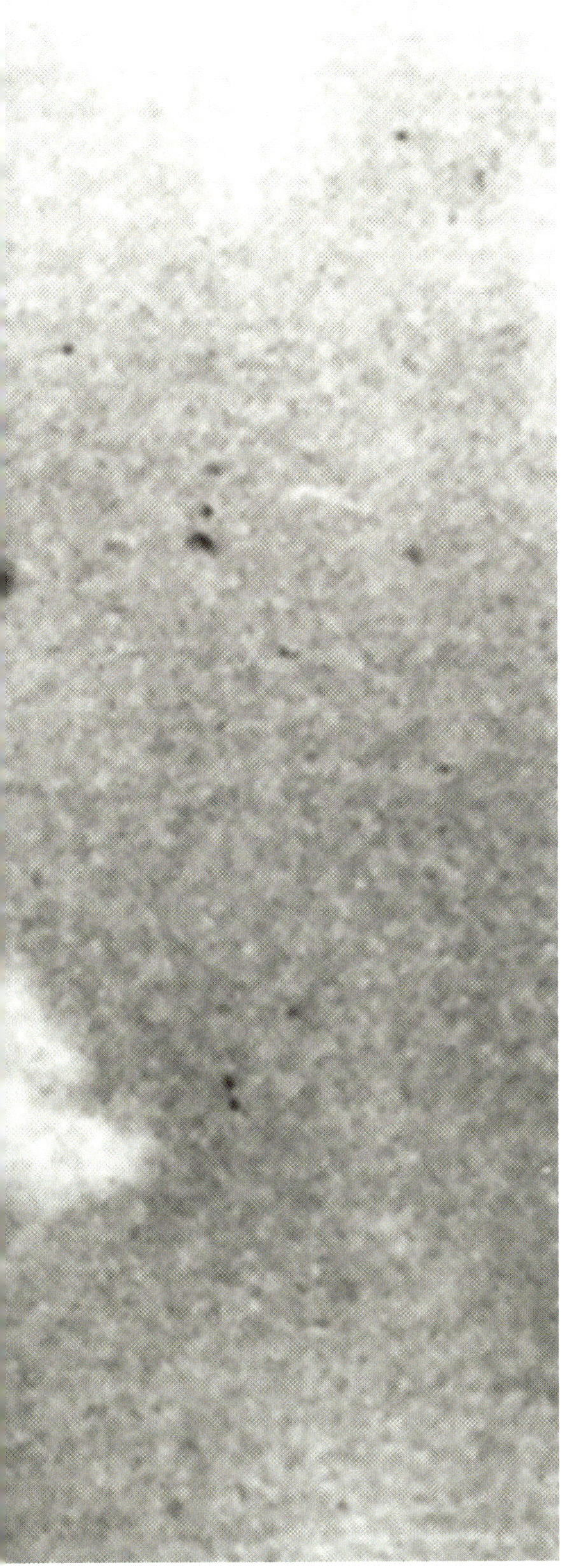

trépidante pour les « rampants » et les 34 *Gruppen* furent encore en mesure d'aligner plus de 900 avions dont 20 Me-262 à réaction du *KG (J) 51*. Pour mesurer l'importance de l'effort consenti par la *Luftwaffe* à l'Ouest après ces quinze derniers jours de décembre extrêmement meurtriers, on peut citer les sources de l'OKW qui dénombrent 1 035 sorties exécutées en ce 1er janvier dans le cadre de *Bodenplatte*.

Le *Generalmajor* Dietrich Peltz est à la tête du *II. Jagdkorps* au moment de l'offensive des Ardennes et de l'opération *Bodenplatte*. Cet ancien pilote de bombardier, nommé *Angriffsführer* (chef d'attaque) sur l'Angleterre au début de 1944, reste sur une cuisante défaite lors du « bébé Blitz ». *(Collection particulière, tous droits réservés.)*

Mais quel objectif et quelle *Luftwaffe* pour cette mission ?

En dépit du retournement de situation météorologique avec toutes ses implications en termes de maîtrise de l'espace aérien, malgré l'échec de la percée vers la Meuse et Anvers, la mission restait identique à ce qu'elle aurait dû être aux premières heures de ce 16 décembre fatidique : attaquer de très nombreux aérodromes situés en Belgique, aux Pays-Bas et en France afin de priver les forces alliées d'une grande partie de leur puissance d'attaque au sol et de leur suprématie aérienne, en détruisant chasseurs et chasseurs-bombardiers sur leurs terrains. En fait, on pourrait presque parler d'un *Grand Coup*, comme le souhaitait le général Galland, mais non plus délivré contre une imposante armada de bombardiers surprotégés par des centaines de chasseurs mais bien contre des chasseurs au sol, très vulnérables.

Les conséquences d'une telle action, considérée individuellement et sans lien avec les opérations au sol de toute façon compromises pouvaient, pour les plus optimistes, faire sens dans cette perspective.

On est en effet en droit de supposer que les soldats allemands au sol n'auraient pas vu d'un mauvais œil la disparition, même passagère, du poids que faisaient supporter les *Jabos* à chacun de leur mouvement ; cela leur aurait fort probablement redonné un peu de marge dans leur liberté de mouvement et donc de manœuvre, sans parler de l'effet moral dont la propagande aurait sans doute encore grandi les conséquences. De même, des pertes massives de chasseurs et de chasseurs-bombardiers auraient sans nul doute

1. Varus avait été nommé en l'an 7 commandant des districts militaires de Germanie et avait été tué deux ans plus tard avec les hommes de trois légions romaines dans et au débouché de la forêt de Teutoburg par le chef germain Arminius, alias Ermanamer, alias HERMANN.

Cette fois, la carte est bien visible sur cette photo prise dans la salle de briefing du *109th Reccce Squadron* américain (*9th Air Force*). L'officier responsable de l'opération désigne pour les pilotes la cible à photographier. Manifestement, la mission aura lieu sur les Ardennes. *(NARA.)*

amené à des arbitrages en haut lieu côté allié afin de réattribuer les chasseurs disponibles, pour parer au plus pressé et dans l'attente de nouvelles livraisons de matériels.

De là à dire que cela se serait traduit par une inflation des pertes en bombardiers lors des raids au-dessus des territoires encore occupés par le Reich ou que cela aurait conduit à une diminution notable et durable de l'intensité avec laquelle étaient menés ces mêmes raids, il y a là un pas que nous ne franchirons pas, et ce d'autant moins que l'Histoire nous donne en grande partie la réponse, négative, à cette affirmation comme nous le verrons à la conclusion de cet ouvrage.

En revanche, côté allemand, on espérait qu'avec ces composantes indispensables à sa puissance durement étrillées, l'armada aérienne alliée allait se trouver dans l'obligation de faire des choix, pour ces opérations diurnes à tout le moins, que ce soit en termes d'appui au sol, de chasse pure ou d'escorte de bombardiers.

Ces B-26 Marauder de la *9th Air Force* sont photographiés au-dessus de l'Allemagne à la fin du mois de décembre. La chasse allemande, ce 23 décembre, a particulièrement étrillé les bombardiers moyens, preuve que les Me-109 et les FW-190 de la défense du Reich n'ont pas perdu leurs griffes. *(NARA.)*

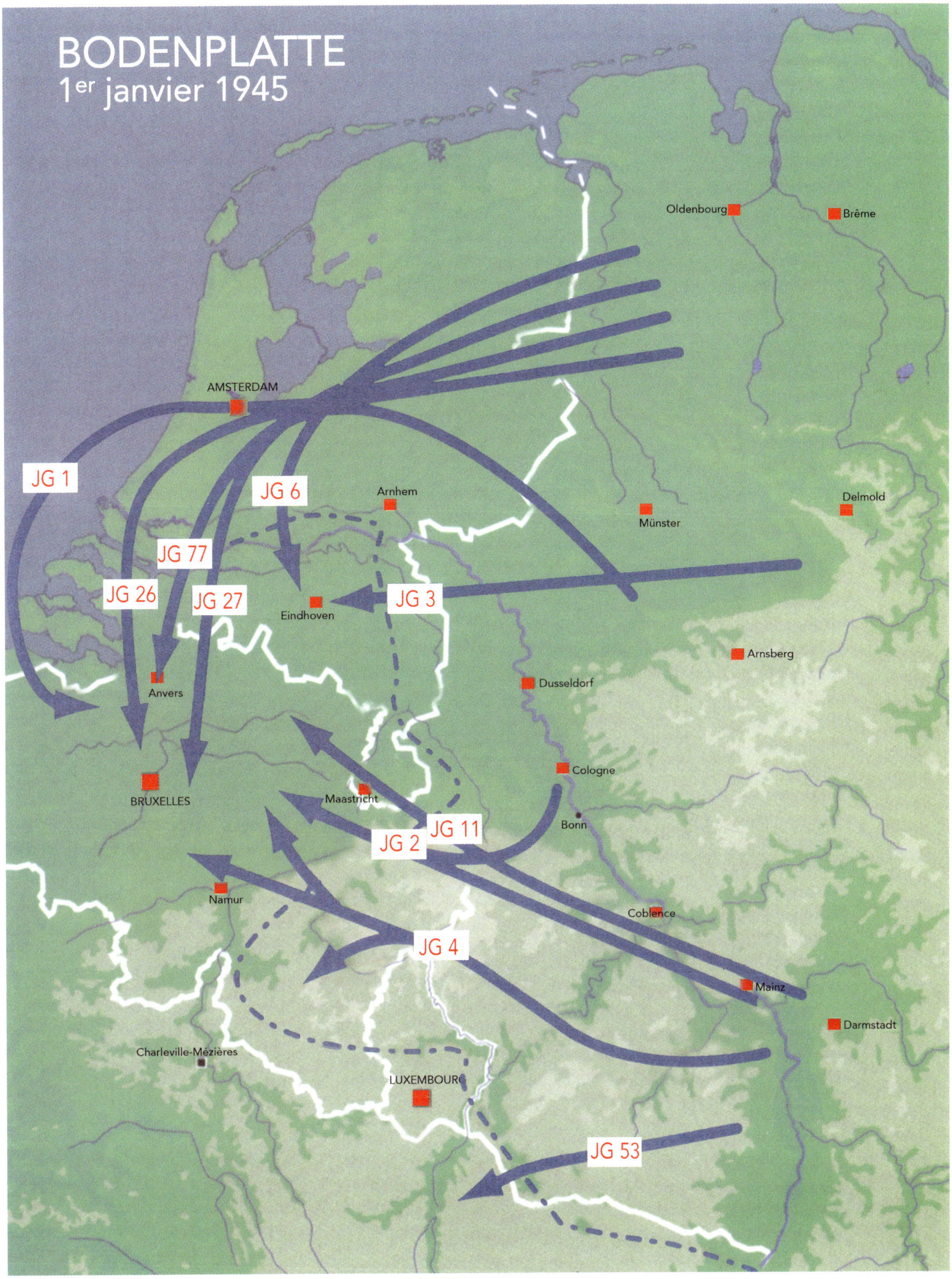

Sur cette carte, les aérodromes de départ et les cibles des différents groupes d'attaque allemande sont bien identifiés. La simultanéité – relative – des raids devait empêcher, à l'aube, les réponses alliées. Le succès de *Bodenplatte* repose sur la surprise et l'ampleur des moyens mis en œuvre. *(carte réalisée par le studio des Soixante, © 2018.)*

9. Et la Luftwaffe dans cette affaire ?

Les Messerschmitt Me-109F et 109G de première génération équipaient les unités de *Jabos* à leur création. Cet appareil est ici équipé de tubes lance-roquettes antichars ; une des armes utilisables lors des attaques au sol, principale tâche dévolue à ces unités. *(Collection particulière, tous droits réservés.)*

En quel état la retrouvons-nous en ce 1er janvier 1945 ?

Nous l'avons vu au travers des pages précédentes, l'assaut mené par cette arme a été, tout comme au sol, massif, inscrivant des records à plus d'un titre. Le prix payé pour tenter – assez vainement au final – d'atteindre les objectifs fixés a été quant à lui extrêmement élevé.

Mais l'aperçu ci-dessous nous montre l'éclaté et l'importance des pertes pour la quasi-totalité des unités qui vont être engagées ce premier janvier 1945 dans le cadre de l'opération *Bodenplatte* ; il nous donne une idée de la saignée que ces combats des quinze derniers jours au-dessus des Ardennes ont opéré en leur sein :

JG1 *Oesau* (engagé à partir du 18 décembre) : 39 pilotes tués, 11 blessés. Parmi les morts se trouvaient les *Gruppenkommandeur Hauptmann* Erich Woitke, *III./JG1* et son homologue du *I./JG1*, le *Hauptmann* Hans Ehlers et trois commandants de *Staffel*.

JG2 *Richthofen* : l'unité avait compté parmi les cibles des raids de B-17 sur les aérodromes de la

chasse allemande dans le cadre des opérations d'interdiction citées plus haut mais ceux-ci, pour diverses raisons (avions en vol, alerte donnée avant le raid, éparpillement des avions, mobilisation des moyens humains après les raids) n'avaient que faiblement atteint le potentiel offensif allemand ou les infrastructures de ces derniers ; seuls deux avions avaient été détruits et les pistes ravagées avaient pu être remises en état avec le concours de la mobilisation de la population locale pour boucher les cratères de bombes laissés par les B-17.

Bande de fuselages des *Jagdgeschwader* de Messerschmitt de la Défense du Reich. *(Dessins André Jouineau.)*

Néanmoins, les pertes en vol avaient prélevé un tribut sensible au sein de la formation et, à la fin du mois, la *I./JG2* comptait 46 FW-190 dont 38 D-9, la *II./JG2* possédait 29 Me-109, soit 50 % exactement de sa puissance début décembre et la *III./JG2* alignait 43 FW-190 dont 35 D-9.

SG4 : l'unité, en raison de ces résultats très peu convaincants (beaucoup de missions avortées) au-dessus des Ardennes, voyait son commandant relevé de ses fonctions, l'*Oberstleutnant* Ewald Janssen le 29 décembre. Huit avions avaient sinon été perdus.

JG3 *Udet* : du 17 au 31 décembre, la *III./JG3* avait perdu 15 pilotes tués et 6 blessés et pas moins de 25 Me-109 détruits et 13 autres endommagés.

JG6 : l'unité gardait une force impressionnante à la veille de l'offensive, alignant 78 appareils, même si certaines de ses unités avaient particulièrement souffert, notamment son premier *Gruppe* avec 16 FW-190 abattus, 22 endommagés et 11 pilotes tués.

JG11 : l'unité avait été saignée au-dessus des Ardennes durant la petite quinzaine de jours précédant *Bodenplatte* : 142 appareils avaient été détruits ou endommagés et pas moins de 33 pilotes étaient morts ou disparus et 26 autres blessés.

JG26 : le *I./JG26* ne vola en appui de l'offensive des Ardennes que 12 missions, ce qui ne l'empêcha pas de perdre 17 pilotes (8 tués, 4 prisonniers et 5 blessés). Le *II.Gruppe*, aux

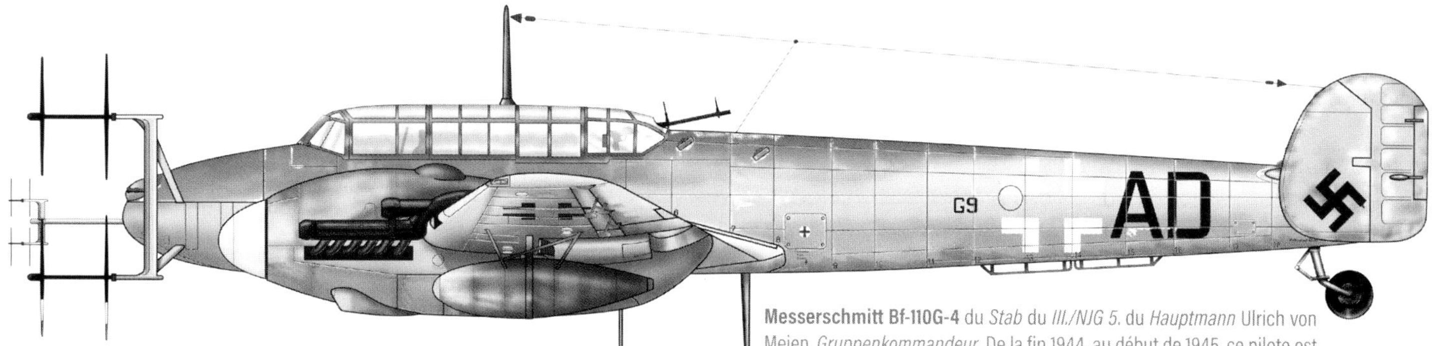

Messerschmitt Bf-110G-4 du *Stab* du *III./NJG 5.* du *Hauptmann* Ulrich von Meien, *Gruppenkommandeur.* De la fin 1944, au début de 1945, ce pilote est crédité de neuf victoires nocturnes. *(Profil André Jouineau)*

Ci-dessous : Junkers Ju-88 G-1 de la *5./NJG 2.* Peut-être, celui de l'*Unteroffizier* Franz Schulte qui est abattu par la DCA au-dessus de Palenberg dans les premières heures de l'opération *Bodenplatte.* L'équipage est capturé par les Américains. *(Collection particulière, tous droits réservés.)*

En pied de page : une autre vue – cette fois de trois -quart arrière gauche – d'un Junkers JU 88 G-1 de la *5./NJG 2.* Cette photo prise en hiver laisse deviner le camouflage très « basse visibilité » pendant les opérations hivernales de ce bombardier moyen, utilisé comme chasseur de nuit. *(Collection particulière, tous droits réservés.)*

ordres du *Major* Anton Hackl (166 victoires) fut engagé, comme beaucoup d'autres unités de la chasse allemande, à partir du 17 décembre. 17 victoires furent revendiquées durant cette période pour la perte de 6 pilotes tués et 3 autres blessés avec la perte logique de 9 Me-109 "Dora".

Le *III.Gruppe* ne rencontra pas autant de succès mais perdit en revanche trois pilotes tués ainsi que 13 Me-109 perdus.

III./JG54: l'unité qui allait être engagée aux côtés du *JG26*, était commandée, comme nous l'avons vu, par un autre « as des as », le *Hauptmann* Weiss aux 121 victoires et qui allait trouver la mort le 29 décembre. Le *Gruppe* ne fut engagé qu'à partir du 27 décembre avec de piètres résultats lui aussi malgré ses FW-190 D-9 et la perte de pas moins de 23 appareils. Au 31 décembre, il ne totalisait plus que 49 FW-190.

JG27 : l'engagement de cette unité au-dessus des Ardennes durant la dernière quinzaine de décembre avait été tout simplement catastrophique. Il se soldait par la perte de 100 Me-109 pour la destruction de 58 appareils alliés. Pire encore, ces pertes se soldaient par la mort de 43 pilotes, 29 blessés et un prisonnier, soit 73 en tout ! Les pertes avaient atteint un tel niveau que, le 27 décembre, le *II.Gruppe* n'avait plus ni *Gruppenkommandeur* ni *Staffel-Kapitän* pour le conduire au combat, car les pertes n'épargnaient pas les pilotes chevronnés.

IV/JG54 : L'engagement au-dessus des Ardennes n'avait pas été chose facile non plus pour cette unité durant ces 15 jours de décembre : 23 pilotes tués, dont deux *Staffelkapitäne.*

JG53 : 25 pilotes tués, 12 blessés et deux prisonniers ainsi que 39 Me-109 perdus et 4 endommagés dont la perte de l'*Oberfeldwebel* Preinfalk aux 85 victoires.

JG77 : L'unité était arrivée au front le 18. Le 24 décembre, 24 Me-109 du *I.Gruppe* avaient décollé en vue d'appuyer les troupes au sol. Illustration de la suprématie alliée évoquée précédemment à partir du 23 décembre, ils furent interceptés par des Lightning et des Thunderbolt au-dessus du Luxembourg et 16 (!) furent abattus dans les combats qui suivirent : 10 pilotes tués dont le *Kommandeur* et un *Staffelkapitän.* Les bombardiers américains vinrent également les dénicher dans leur tanière. Bref, l'unité subit en tout lieu la pression de la stratégie aérienne alliée.

Tout ceci ajouté à d'autres coûteuses missions fit que le *JG77*, à la fin du mois, avait perdu 31 pilotes tués, un prisonnier et 13 blessés. Les 15 avions revendiqués comme abattus par l'unité lui avaient coûté 86 appareils, détruits ou endommagés, près de 50 % de son effectif initial au 18 décembre !

KG51 : Le *I./KG51* avait perdu un Me-262 le 31 décembre et son pilote allait mourir de ses blessures trois jours plus tard à l'hôpital. Le *II./KG51* avait perdu un appareil et un pilote au-dessus des Ardennes lors des rares opérations qu'il y avait menées.

KG76 : comme nous l'avons vu, les engagements de cette unité d'Arado à réaction furent faibles en termes d'effectifs et les pertes le furent encore plus.

Après ces lourdes pertes qui montrent bien et l'engagement des pilotes malgré leur peu d'expérience et la violence des combats aériens durant ces quinze jours de décembre au-dessus des Ardennes belges, quels allaient être les effectifs engagés pour *Bodenplatte*, tant en termes de pilotes que d'appareils ?

Quelle armada ?

Avant de rentrer précisément dans le sujet au travers du tableau situé en fin de chapitre, il convient d'indiquer un fait marquant ayant joué à plein quant à la disponibilité des matériels : les « rampants », sur tous les aérodromes allemands, non seulement n'eurent pas non plus le droit aux festivités de la Saint Sylvestre mais ce fut en plus pour eux une nuit d'intense préparation afin de rendre volant tout ce qui pouvait l'être au matin. Le travail abattu fut sans aucun doute colossal et éprouvant.

Cependant, tout ce qui fut remis en état ne put l'être parfaitement et il ne fut pas rare, le 1er janvier au matin, de voir certains Me-109 ou FW-190 quitter la formation d'attaque peu de temps après le décollage pour d'évidents problèmes techniques, même si ces défections ne furent au final que marginales et sans impact sur la puissance de l'armada envoyée contre les aérodromes alliés.

Ci-dessus : ce Focke Wulf FW-190A-8/R2 du *II./JG 4* est capturé intact – et en état de vol – par les Américains après *Bodenplatte*. Ici, son armement alaire a été démonté par les mécaniciens de l'*Air Force* après sa récupération. Cette photographie couleur permet d'apprécier les teintes du camouflage classique en trois tons de gris. *(MAE.)*

Focke Wulf FW-190G-3 du *II./SG4*, à Köln-Wahn durant l'hiver 1944-1945. Le camouflage trois tons de l'appareil disparaît sous un badigeon blanc, opérations hivernales obligent. Seules la bande jaune d'identification et les lettres codes sont encore visibles. *(Profil André Jouineau.)*

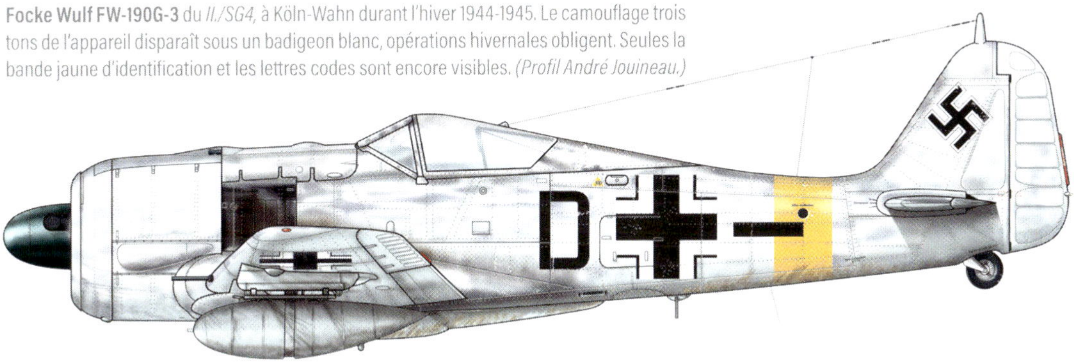

Focke Wulf FW-190F-8 du *II./SG 10* à Fünfkirchen en janvier 1945. Bien que n'appartenant pas à une unité de chasse pure, cet appareil porte des codes d'identifiaction qui pourraient le laisser penser. *(Profil André Jouineau.)*

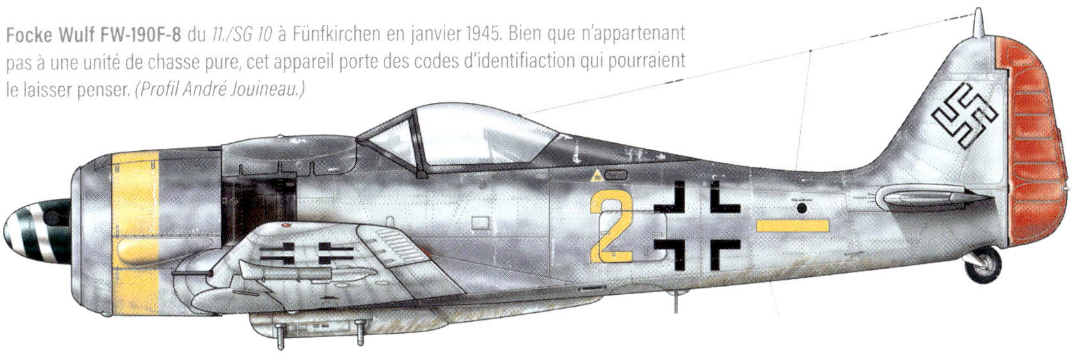

Focke Wulf FW-190D-9 de la *10.JG 54* du *Leutnant* Theo Nibel. Cet appareil « finira au sol » dans de bien étranges circonstances comme le rappelle Dominique Breffort dans son ouvrage consacré aux FW-190 : *« Cet avion se posa sur le ventre après qu'un oiseau eut percuté son radiateur d'huile le 1er janvier 1945, au cours de l'opération Bodenplatte. »* (Profil André *Jouineau.)*

À droite : cette vue directe sur le haut du capot moteur où sont logées les deux mitrailleuses de 13 mm permet d'apprécier l'étroitesse de la cabine de pilotage du Focke Wulf 190. Nous sommes loin de la puissante silhouette du P-47 américain, l'autre monomoteur en étoile qui hante le ciel ardennais. *(Collection particulière, tous droits réservés.)*

Afin d'avoir une réelle vision de l'état de chaque *Jagdgeschwader*, on peut également garder à l'esprit que la dotation théorique d'une telle unité était la suivante : 4 appareils pour l'état-major (*Stab*) et pas moins de 68 appareils pour chacun des *Gruppe*. On le voit, les unités étaient loin de ce total théorique.

En outre, ce qui était vrai au début de l'offensive l'était malheureusement toujours pour les Allemands en ce 1er janvier 1945 au matin. Les pilotes ne savaient toujours pas piloter aux instruments mais, surtout, très peu d'entre eux avaient été entraînés ou avaient jadis appris les techniques de l'attaque au sol.

Dans ce contexte plutôt sombre, il restait néanmoins quelques points, certes mineurs, mais positifs. Tout d'abord, les *Arado* à réaction avaient jusqu'à maintenant donné pleine et entière satisfaction et ils feront encore du bon travail pour *Bodenplatte*. En outre, bien que l'ordre surprenne tous les états-majors, l'opération avait été soigneusement préparée avec force photographies aériennes des cibles à attaquer, parfois des reproductions des terrains d'aviation de l'adversaire façon *Kriegspiel*…

Afin de combler les pertes dont nous avons parlé précédemment, tous les personnels des *Geschwader* devaient être mis à contribution, y compris leur chef et les états-majors d'habitude cantonnés au sol. C'est cette mesure qui expliquera d'ailleurs l'étendue des pertes subies par les cadres expérimentés de la *Luftwaffe* qui, du point de vue de l'expérience, représentera une perte irremplaçable pour une *Luftwaffe* qui, à ce stade de la guerre, en manquait déjà cruellement.

Les ordres étaient clairs et homogènes, chaque unité devant obéir aux mêmes préceptes. Cela était d'autant plus important que l'attaque se voulait massive et simultanée sur l'ensemble des bases alliées. Il s'agissait donc d'attaquer les aérodromes alliés sélectionnés, (au nombre de 19 aux Pays-Bas et en Belgique et Metz et Étain en France), en ayant volé au ras des cimes des arbres pour éviter toute détection.

Arrivée sur cible prévue entre 9 et 10 heures.

Le silence radio devait être strictement respecté durant le vol d'approche.

Toujours le Focke Wulf FW-190A-8/R2 du *II./JG 4* capturé intact par les Américains. Ici, les mécanos font tourner le puissant moteur BMW 801A. Cet appareil équipe, depuis le milieu de l'année 1944, les unités d'assaut chargées d'attaquer les boxes de bombardiers américains. *(MAE.)*

Une bonne préparation

Afin de pallier les carences devenues béantes des pilotes allemands en termes de navigation, on avait adjoint à chaque groupe d'attaque un à deux Ju-88 – dit *"Lotse"* ou *"Pilote"* – de la chasse de nuit qui gardait encore cette expertise. Pour le retour, le même chemin qu'à l'aller devait être emprunté, sinon la consigne de voler plein est jusqu'à trouver un aérodrome en Allemagne où se poser avait été donnée aux pilotes.

Il faut préciser ici que, même si l'on pouvait anticiper des capacités de réaction un peu plus faibles de la part des aviateurs américains en cette matinée du 1er janvier, après une nuit festive, la date n'avait pas été choisie en fonction de ce paramètre mais bien en fonction du temps clair promis au-dessus des cibles.

Pour la plupart des pilotes, malgré la rapidité de mise en œuvre de l'opération après son annonce – quelques heures seulement – la qualité des préparatifs semble avoir été à la hauteur des ambitions du haut commandement.

L'ensemble des témoignages recueillis parmi les assaillants pointent tous en ce sens. Il faut dire aussi que même si l'on n'y croyait plus du tout, l'ensemble des commandants d'unités avaient été rassemblés à la veille du déclenchement de l'offensive terrestre dans les locaux du *II.Jagdkorps* en vue de leur expliquer dans le détail l'opération qui, rappelons-le, aurait dû intervenir – avec tout son sens – le jour du déclenchement de l'offensive terrestre par les forces des 5e et 6e Armées blindées appuyées par la 7e Armée. Les détails de l'assaut n'étaient donc pas une découverte de dernière minute pour la plupart des membres du commandement des unités.

Tout n'était cependant pas parfait et, ainsi, le général commandant la *16.Flak-Division* ne reçut l'information que trop tardivement pour la transmettre à l'ensemble de ses 50 batteries qui ne seront pas toutes tenues au courant du survol de leurs positions par des chasseurs allemands et qui ne sauront pas interpréter correctement les fusées de couleur qui seront lancées tout à la fois pour guider les assaillants et prévenir la *Flak* de leur passage.

Ce point engendrera des pertes côté allemand, pertes qui, cependant, ont probablement été surestimées comme nous le verrons.

Messerschmitt 262A-1a du *Stab* du *III./JG 7* « Nowotny ». Cet avion est l'appareil personnel du *Gruppenkommandeur* du *III./JG 7*, Rudolf Sinner. Son camouflage est loin d'être standard avec ses larges bandes diagonales brunes et vertes (RLM 81 et 82), Le *Major Sinner* sera blessé, en avril 1945. *(Profil André Jouineau.)*

Me262A-1a « 4 blanc » de l'*Erprabungskommando* 262. Avec ses quatre canons de 30 mm alliés à la vitesse procurée par ses deux turboréacteurs, le 262 est un adversaire plus que redoutable pour les chasseurs alliés. *(USAF Museum.)*

Coucher à 22 heures

Le moral de la plupart des pilotes restait cependant globalement haut. Nous avons néanmoins gardé des traces, soit au travers de témoignages, soit au travers de lettres envoyées à des proches avant la mission par ces jeunes, voire très jeunes pilotes, d'une inquiétude aux raisons variées : enjeu de la mission, chances de survie...

Côté moral, il faut dire en outre que ces pilotes n'avaient guère été épargnés : prévenus au dernier moment, dans la plupart des cas réunis par leur commandement en fin de soirée, la majorité s'était vue intimer l'ordre de ne pas quitter le camp et n'avait donc pas rejoint leur cantonnement souvent situé dans les villes et villages alentour chez l'habitant. Le coucher avait été ordonné pour 22 heures et évidemment toute festivité avait été prohibée, sans même parler d'une quelconque ingestion d'alcool.

Il semble là encore que très rares furent les pilotes ayant voulu ou pu s'affranchir de ces normes draconiennes pour une Saint Sylvestre.

Un mécano de la *Luftwaffe*, assis sur l'aile droite d'un FW-190, procède à son ravitaillement. On peut juger ici, encore une fois, de la relative petite taille du chasseur allemand. *(Collection particulière, tous droits réservés.)*

UNITÉ	TYPE D'AVIONS	NOMBRE D'APPAREILS ENGAGÉS
JG1		
État-major	FW-190 A9	1
I/JG1	FW-190 A8, A9	22
II/JG1	FW-190 A8	36
III/JG1	Me-109 G6, G10, G14	12
JG2		
État-major	FW-190 A8/R6, D9	3
I/JG2	FW-190 A8/R6, D9	33
II/JG2	Me-109 G14, K4	20
III/JG2	FW-190 A8, A9, D9	28
JG3		
État-major	FW-190 A9	4
I/JG3	Me-109 G10	22
III/JG3	Me-109 G14, K4	15
IV/JG3	FW-190 A8/R2	19
JG4		
État-major	FW-190 D9, Me-109 G10	1
I/JG4	Me-109 G10, G14	26
II/JG4	FW-190 A8/R2	17
III/JG4	Me-109 K4	9
IV/JG4	Me-109 G10, G14, K4	16
JG6		
État-major	FW-190 A9	3
I/JG6	FW-190 A8	29
II/JG6	FW-190 A8, A9	25
III/JG6	Me-109 G10, G14/AS	21
JG11		
État-major	FW-190 A8, A9	4
I/JG11	FW-190 A8	6
II/JG11	Me-109 G6/U2 6, G14/ AS, K4	20
III/JG11	FW-190 A8	31
JG26		
État-major	FW-190 D9	1
I/JG26	FW-190 D9	46
II/JG26	FW-190 D9	44
III/JG26	Me-109 G14, K4	29
JG27		
État-major	Me-109 G10, FW-190 D9	0
I/JG27	Me-109 G10, G14, K4	16
II/JG27	Me-109 G10, G14/AS	12
III/JG27	Me-109 K4	15
IV/JG27	Me-109 G10, G14	17
JG53		
État-major	Me-109 G14/AS, K4	4
II/JG53	Me-109 G14/AS	22
III/JG53	Me-109 G14/AS	26
IV/JG53	Me-109 G14	28
III/JG54	FW-190 D9	17
IV/JG54	FW-190 A8, A9	15
JG77		
État-major	Me-109 G10	0
I/JG77	Me-109 G14/U4, K4	18
II/JG77	Me-109 G10, G14	23
III/JG77	Me-109 K4	18
SG4		
État-major	FW-190 F8	2
I/SG4	FW-190 F8	21
II/SG4	FW-190 F8	15
III/SG4	FW-190 F8	12
KG51		
État-major	Me-262 A2	0
I/KG51	Me-262 A2	19
II/KG51	Me-262 A2	3
KG76	Arado Ar 234	6
NAGR1		
2 NAGr1	Me-109 G	9
3 NAGr1	Me-109 G	10
NAGR13		
État-major	FW-190 F8	0
1 NAGr13	Me-109 G	6
2 NAGr13	Me-109 G	3
3 NAGr13	Me-109 G	5
LOTSEN	Ju-88 G1/G6	44
	TOTAL	**929**

10. Les Arado ouvrent le bal

Les Arado Ar-2 348-2 du *III./KG 76*, à Burg, sont alignés au sol. Les rampants de la Luftwaffe les mettent en œuvre avant leur première mission de bombardement de nuit, le 1er janvier 1945. *(Collection particulière, tous droits réservés.)*

L'opération commença par le premier bombardement de nuit par avion à réaction de l'Histoire, mené par quatre des *Arado* 234 du *KG76*, visant Bruxelles et Liège et non les terrains d'aviation. Car en effet, au-delà du bombardement au très faible impact, le but recherché par ce raid de bombardement prétexte était avant tout de vérifier si le temps clair prévu au-dessus des zones ciblées était bien au rendez-vous, sans pour autant alerter les Alliés car les raids des *Arado* sur ces cibles étaient devenus un classique de la campagne des Ardennes. Ces bombardiers exécutèrent leur mission sans encombre, purent ramener les informations demandées en temps et en heure et ainsi confirmer que la météo allait se prêter aux plans d'attaque allemands.

Ci-dessus : en prévision du déroulement de *Bodenplatte*, dans la nuit du 31 décembre 1944 au 1er janvier 1945, quatre Arado du *III. Gruppe* décollent afin d'étudier les conditions météo. Ils ont ordre, pour dissimuler le but de leur mission, de bombarder Liège et Bruxelles avant de survoler Anvers et Rotterdam à basse altitude. *(Collection particulière, tous droits réservés.)*

Ci-dessus : dans les hangars du *III./KG 76*, à Burg, les mécaniciens du *Gruppe* entretiennent les réacteurs Jumo 004 dont la durée de vie, entre dix et vingt-cinq heures d'utilisation, demeure le principal problème rencontré dans l'exploitation opérationnelle de l'appareil.*(SHD Air)*

Arado Ar-2 348-2 de la *9./KG 76*, au début de 1945. Cet appareil est l'avion du *Staffelkäpitan* de la *9./KG 76, le Hauptmann* Josef Regier. Cet Arado est le premier appareil de ce type récupéré intact par les Américains, le 22 février, à l'issue d'un combat contre des P-47 américains. *(Profil André Jouineau.)*

Arado Ar-2 348-2 de la *9./KG 76*. En décembre 1944, cette unité était basée à Münster-Handorf, en prévision de l'attaque allemande dans les Ardennes. En raison du mauvais temps, les Arado ne pourront sortir, la première fois, que le 24 décembre. La *Staffel* comptait 19 appareils de ce type. *(Profil André Jouineau.)*

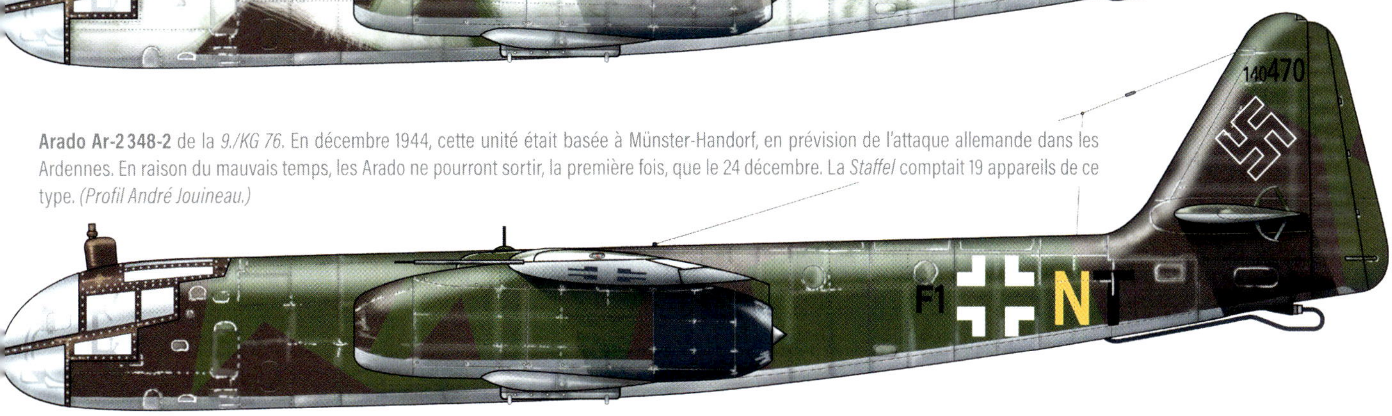

11. Les Jagdgeschwader à l'assaut : une expérience très contrastée…

Les premiers Me-109 G ont été utilisés dans les unités de *Jabos*. Même si les premiers modèles ont été remplacés en cette fin d'année 1944 par les G6, G7 ou G10, l'efficacité de ces appareils n'est plus à démontrer. Malheureusement, pour les pilotes allemands, les chasseurs mis en œuvre par les Alliés sont bien plus performants. *(Collection particulière, tous droits réservés.)*

Nous allons maintenant nous attacher à suivre les vols et les résultats de chaque unité allemande engagée dans ce raid du 1er janvier 1945.

Pour le *JG11*, au-dessus de Asch (nom de code allié de l'aérodrome : Y-29), la mission allait se révéler désastreuse malgré une préparation certes très rapide mais sérieuse et une répartition des rôles clairs, le *II.Gruppe* devant ainsi servir de couverture aérienne aux autres *Gruppen* attaquant la cible. La cible justement était un aérodrome qui pouvait abriter 150 appareils, possédait un hangar, deux stockages de carburant et était protégé par les batteries B et D du *784th AAA AW Battalion*, réparties en cinq positions.

Les Alliés, ici comme sur beaucoup d'autres aérodromes, n'avaient pas ménagé leur peine malgré la Saint Sylvestre et les avions qui y stationnaient (*366th* et *352th Fighter Groups*[1]) avaient été préparés pour pouvoir prendre l'air dès 8 heures ce matin-là. Et douze appareils

avaient d'ailleurs déjà décollé pour leurs missions avant 9 heures.

Côté allemand, les Me-109 et autres FW-190 s'étaient envolés des différents terrains à la suite de leurs Ju-88 *Lötsen* entre 8 h 10 et 8 h 20. Après un regroupement de la formation au-dessus de Francfort, c'était maintenant une soixantaine d'appareils, force assez considérable, qui se dirigeait vers sa cible. Au-dessus de la ligne de front, vers Aachen, les appareils du *II.Gruppe* passèrent à 350 mètres d'altitude pour donner une protection aérienne aux autres groupes. Les batteries antiaériennes alliées prélevèrent quatre appareils sur la formation lors du passage du front. Peu après, au nord de Maastricht, dernier tournant dans le cours de leur voyage aller, les Ju-88 abandonnèrent les chasseurs comme prévu.

En direction de leur cible, les appareils furent alors confrontés à des bancs de brouillard et en vinrent à confondre l'aérodrome de Opphoven (Y-32) qui se situait exactement sur la route de leur cible – 5 km plus au nord – avec celui de Asch. Presque la moitié de la formation se mit

Ce FW-190 est pris dans le collimateur d'un P-47 ou d'un P-51 Mustang qui a réussi à décoller, malgré la surprise de l'attaque. Même si le pilote du FW-190 est un *Experten*, la photo prise par la cinémitrailleuse laisse augurer d'une bien mauvaise fin... *(Collection particulière, tous droits réservés.)*

1. le premier dépendant de la *9th USAAF* et le second de la *8th USAAF*. Le *352nd* avait été détaché à la *9th USAAF* pour la renforcer dans son action au-dessus des Ardennes.

Focke Wulf FW-190F-2 du *Stab* du *Sch. G 1*. C'est pendant l'opération *Bodenplatte* que l'*Oberstleutnant* Alfred Druschel, ancien *Geschwaderkommodore* de cette escadre, aux 800 missions de combat, disparaît. *(Profil André Jouineau.)*

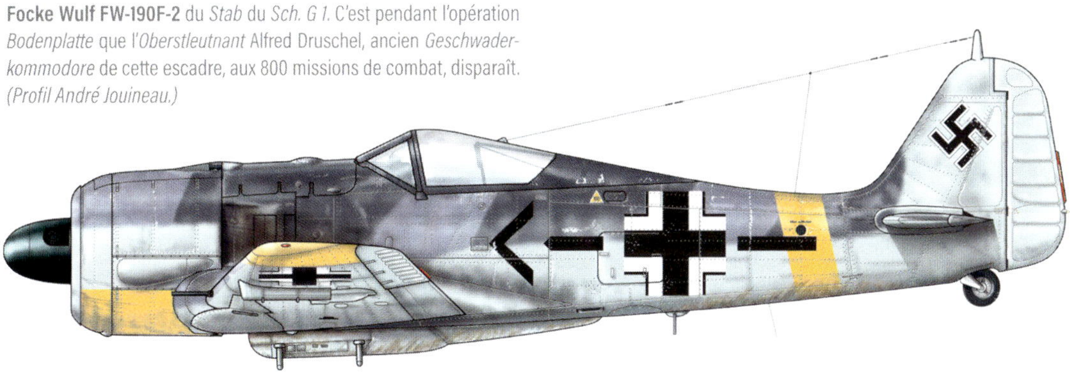

Un Messerschmitt Me-109G de dernière génération sur un terrain de dégagement tout près de la frontière avec la Belgique. Le canon de 30 mm dans le moyeu de l'hélice est le principal atout de ces Messerschmitt « survitaminés ». *(Collection particulière, tous droits réservés.)*

à attaquer cet aérodrome par erreur. La DCA de Opphoven revendiqua quatre appareils détruits et onze endommagés à cette occasion.

La première confrontation

Lorsque Opphoven, cet aérodrome voisin abritant des unités anglaises, fut attaqué, les P-47 étaient en train de prendre l'air à Asch pour deux missions d'appui – huit appareils en tout – vers les Ardennes. Ils se déroutèrent bien vite pour se jeter dans la mêlée alors que douze autres P-51 décollaient.

Un autre « Gustav » sur un terrain enneigé, au début de l'année 1945. La nouvelle verrière des « Gustav », presque entièrement dégagée, procurait une bien meilleure vision aux pilotes de la *Luftwaffe*. *(Collection particulière, tous droits réservés.)*

Dans cette confrontation, qui dura près de trente minutes, le *JG11* ne perdit, successivement, pas moins de 11 appareils. Un P-47 fut abattu parce qu'il fut victime d'une méprise de la part d'un Mustang. En tout, entre Asch et Opphoven, quatre P-51 Mustang du *352nd FG* avaient été détruits[2] (et un endommagé (sur Asch) et sept autres chasseurs du *350th Belgian Squadron*, quelques C-47 de transport et un P-47 à Opphoven). Une carcasse de B-17 avait particulièrement attiré en pure perte de nombreux coups des chasseurs passant en mitraillant le terrain.

N'ayant plus de carburant, il refusait délibérément de s'embraser, attirant encore plus de coups inutilement gaspillés. Les chasseurs alliés avaient complètement désorganisé l'attaque et forcé les attaquants à une bataille rangée en plein ciel leur laissant peu de possibilités pour réaliser et encore moins réussir leur attaque initiale de l'aérodrome.

Le *JG11* allait perdre dans l'affaire 24 ou 28 appareils suivant les sources (sur 65 engagés !), dont 4 avions abattus sur le chemin du retour et comptait 25 pilotes tués à la fin de la journée.

Parmi les pertes se trouvaient le *Kommodore* Specht, et le *Hauptmann* von Fasong, chef du *III.Gruppe*. Alwin Doppler, chef d'escadrille aux 30 victoires comptait également parmi les victimes. Ainsi, bilan terrible, 40 % des pilotes du *JG11* étaient soit morts soit disparus à la fin de la journée…

À la suite de cet intense et brillant combat aérien, le *487th FS* devint la seule escadrille à recevoir une "*Distinguished Unit Citation*" et reçut pour l'occasion la visite des plus hauts gradés de l'aviation américaine en Europe : Quesada, Doolittle, Vandenberg et Spaatz.

2. Ainsi qu'un des réservoirs de carburant.

Un Junkers Ju-88 G1 du *I./NJG 4*. Dans la nuit du Nouvel An, la *Nachtjagd* ne va pas chômer. Ce cliché pourrait être pris pendant la préparation de la mission.*(Collection particulière, tous droits réservés.)*

Ces aviateurs américains, d'une unité de la *9th Air Force*, ne se doutent pas que la nuit du réveillon, qui s'annonçait plutôt tranquille malgré les combats au sol, va se terminer sous les bombes et les balles des *Jabos* et des chasseurs de la *Luftwaffe*. *(NARA.)*

12. Le JG6 attaque

Les équipes au sol et les pompiers de cette base américaine tentent de maîtriser l'incendie des hangars et des véhicules après le raid des *Jabos* allemands. *(NARA.)*

Au *JG6*, 75 avions décollèrent avec pour objectif Volkel (nom de code allié B-80) où se trouvaient stationnés les Typhoon du *121st Wing* et les Tempest du *122nd* de la *RAF*. Par mesure de sécurité, trois *Squadrons* étaient toujours en vol afin de mettre à l'abri de toute mauvaise surprise cet aérodrome jadis occupé par la *Luftwaffe*, facilement repérable et regorgeant d'avions au sol.

Chaque *Gruppe* du *JG6* avait bénéficié, dans le cadre de sa préparation, d'une maquette en sable ainsi que de photographies aériennes de l'aérodrome à attaquer.

Durant le vol d'approche, derrière le Ju-88 venait l'état-major du *Jagdgeschwader* puis les différents *Gruppen* dans l'ordre suivant: deuxième, troisième puis premier. Pour ce qui est du plan de vol, les trois *Gruppen* devaient se regrouper au-dessus de Quackenbrück et filer en direction de Spakenburg, localité située au sud du Zuidersee. À ce niveau, la formation devait opérer un virage et, juste avant de franchir la

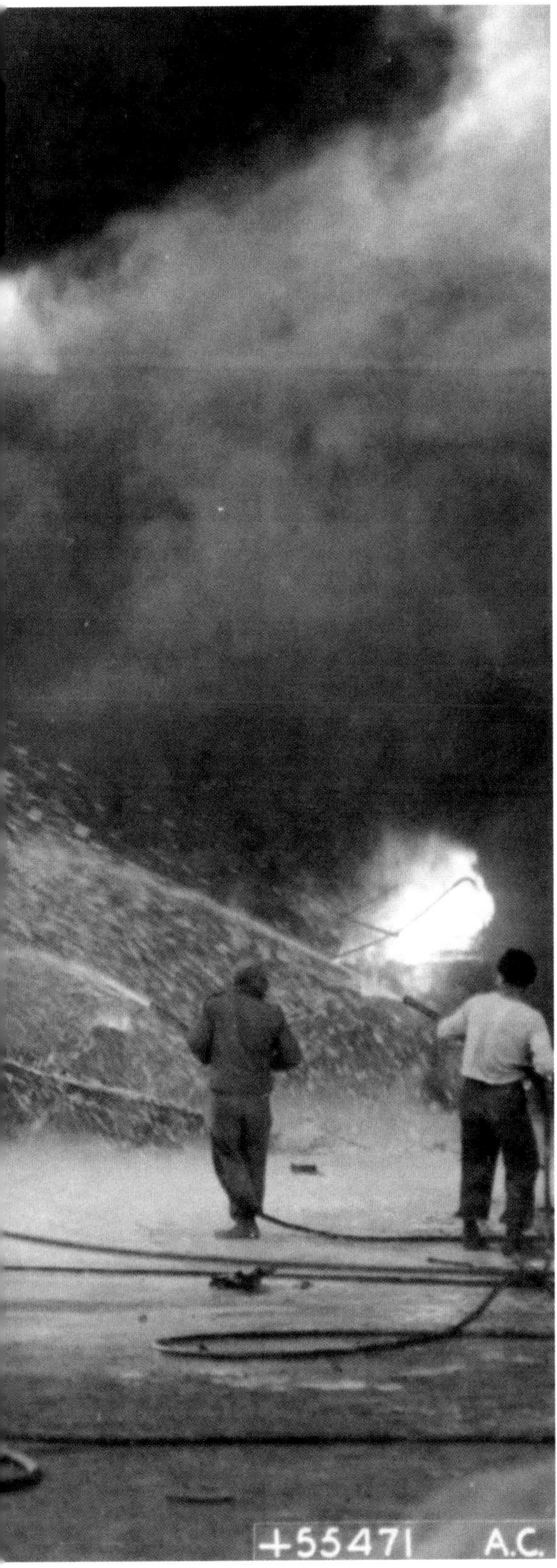

ligne de front, le Ju-88 devait s'effacer et laisser l'*Oberstleutnant* Kogler diriger sa formation jusqu'à sa cible. Seules les radios du *Kommodore*, des *Gruppenkommandeure* et des *Staffelkapitäne* étaient en marche, celles des autres pilotes ne devant être activées qu'à la hauteur de Spakenburg.

Lors de l'attaque, il était également prévu qu'un groupe, le troisième, grimpe jusqu'à 1 500 mètres en arrivant sur la cible afin de protéger les appareils attaquant de la menace de la chasse adverse alors que les deux autres groupes devaient attaquer l'aérodrome de deux directions différentes.

Peut-être est-ce le FW-190 que nous avons découvert dans le collimateur du chasseur américain en page 97. Son sort est scellé à l'aide des balles de 12,7 mm des huit mitrailleuses du P-47 qui l'a piégé. *(NARA.)*

Objectif : « Volkel ! »

Les différentes unités prirent leur envol entre 8 h 17 et 8 h 31 et ce furent donc environ 75 appareils qui mirent rapidement le cap sur Volkel. Le vol d'approche se passa sans problème de navigation mais une surprise vint cueillir les aviateurs allemands.

Sur leur route avait été créé un nouvel aérodrome depuis le retrait des forces allemandes de la zone, l'aérodrome de Heesch, alias B-88.

Cette installation était visiblement passée inaperçue des différents services en charge de la préparation de l'opération. Cet aérodrome abritait le *126th Wing, RCAF* et ses Spitfire. Il était en outre défendu par les unités antiaériennes 2 734 et 2 819 de la *RAF*.

Ce matin-là, à 8 h 50 et 8 h 57, 24 Spitfire avaient déjà pris l'air pour des reconnaissances armées dans le secteur Osnabrück/Münster alors que dix autres étaient en préparation de leur décollage prévu à 9 h 15 quand surgirent les appareils du *JG6*… qui ne les attaquèrent pas, fidèles à l'ordre de mission initial donné.

Les Spitfire, une fois en l'air, ne se gênèrent pas quant à eux pour fondre sur leurs adversaires alors que les patrouilles envoyées vers Osnabrück étaient rappelées de toute urgence.

Pire que les pertes causées par cette irruption de la chasse alliée, la désorganisation qu'elle causa entraîna une erreur de navigation qui conduisit l'unité bien au-delà de la cible initiale. Le *III./JG6* comme prévu prit de l'altitude pour couvrir les autres groupes[1] mais le *I./JG6* ne repéra pas la cible et se dirigea sur les nuages de fumée d'Eindhoven pour se joindre à l'attaque déjà engagée de cette implantation avec un certain

1. C'est durant cette ascension que le chef de ce groupe, le *Major* Kühle, fut abattu et tué par un feu concentré d'artillerie antiaérienne.

Cette carte précise la mission du *KG76. (Carte réalisée par le studio des Soixante, © 2018.)*

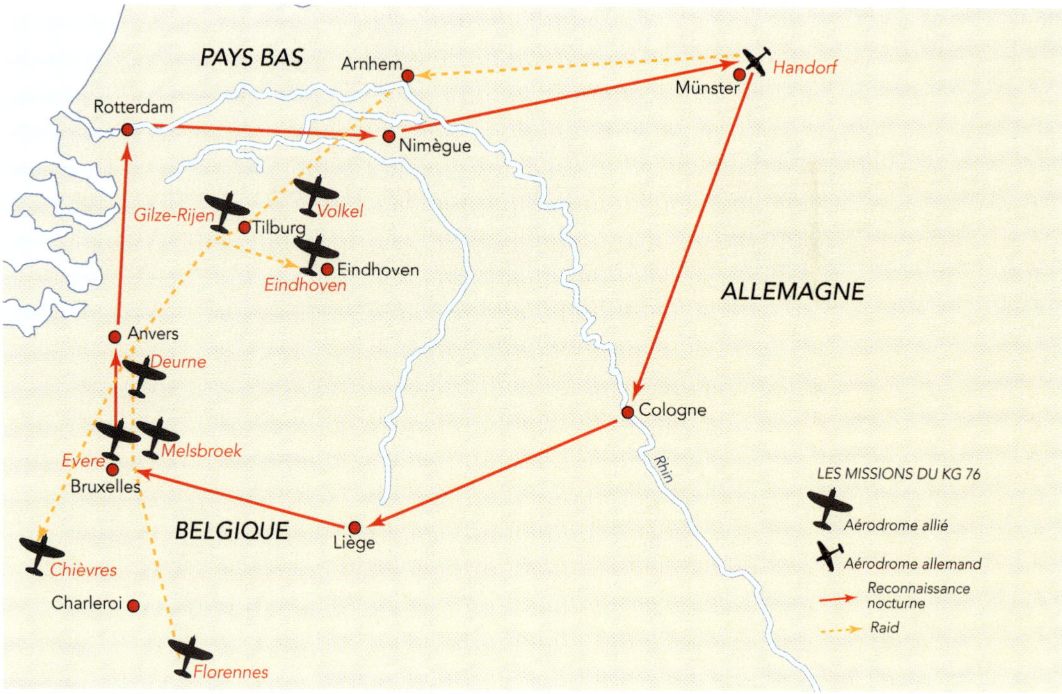

Ci-dessous : ce Focke Wulf FW-190 est caché au milieu des bois, près de la piste de décollage d'un terrain de dégagement proche du front. *(Collection particulière, tous droits réservés.)*

succès semble-t-il. Le *II.Gruppe* finit par attaquer Helmond, B-86, aérodrome en cours de construction au moment de l'attaque, mais, cependant, non dépourvu d'unités de DCA (*2875 & 2881 RAF Regiment Squadrons*). C'est durant cette attaque que le commandant du groupe fut descendu et dut faire un atterrissage forcé avant d'être fait prisonnier.

Les appareils alliés, qui étaient partis avant le raid allemand, assaillaient donc les chasseurs allemands. Une multitude de combats aériens occupèrent alors le champ visuel des personnels au sol des différents aérodromes du secteur. Entre 9 h 20 et 10 h 10, les Spitfire de Heesch

Cette carte précise la mission du *Jagdgeschwader 6. (Carte réalisée par le studio des Soixante, © 2018.)*

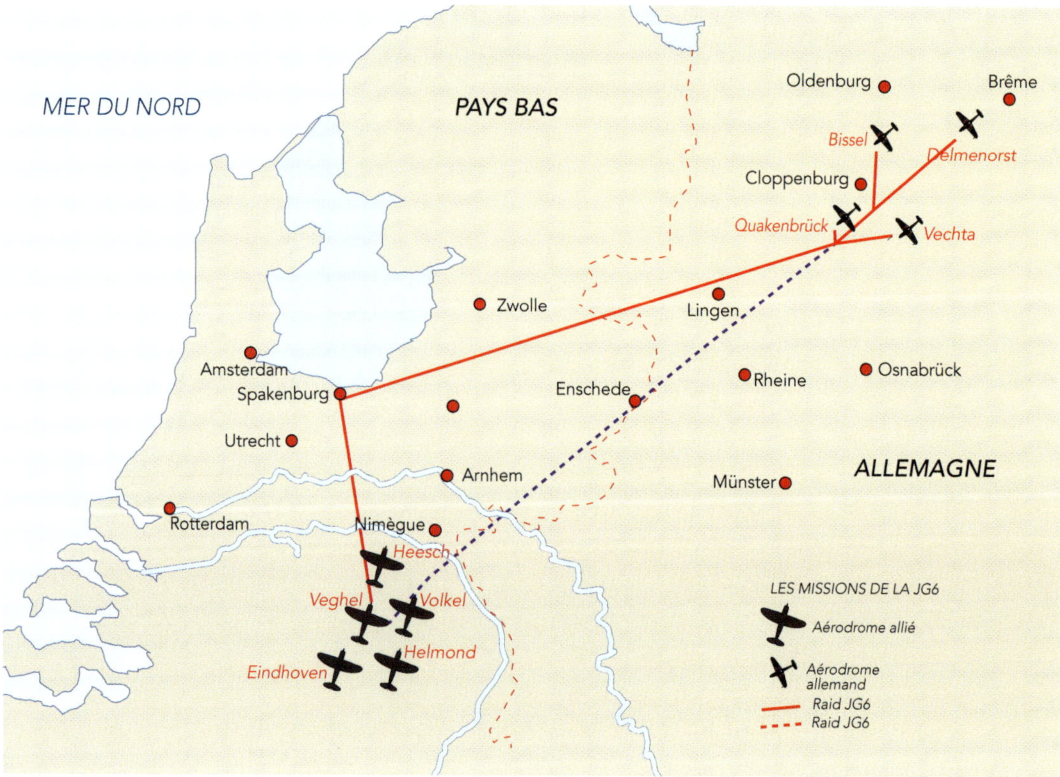

Messerschmitt Me-109 G14, de la *12/JG 53*, pendant l'opération *Bodenplatte*. La version G-14 a été produite à un peu plus de 4 000 exemplaires. Le capot avec bosses, pour le logement des mitrailleuses, indique que le moteur équipant cet appareil est un DB 605 AS. *(Profil André Jouineau.)*

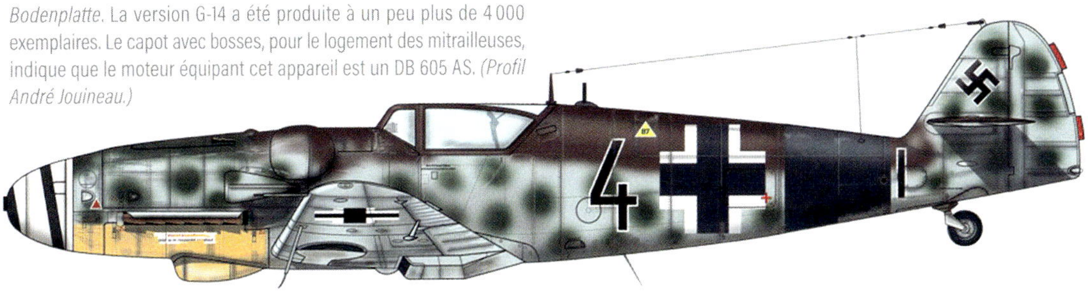

Me-109 G14 du *IV/JG53*. Cet appareil est piloté par le *Gefreiter* Alfred Michel. Ces Me-109 sont parfaitement équipés pour les combats à haute altitude avec leur verrière Erla et la dérive agrandie. *(Profil André Jouineau.)*

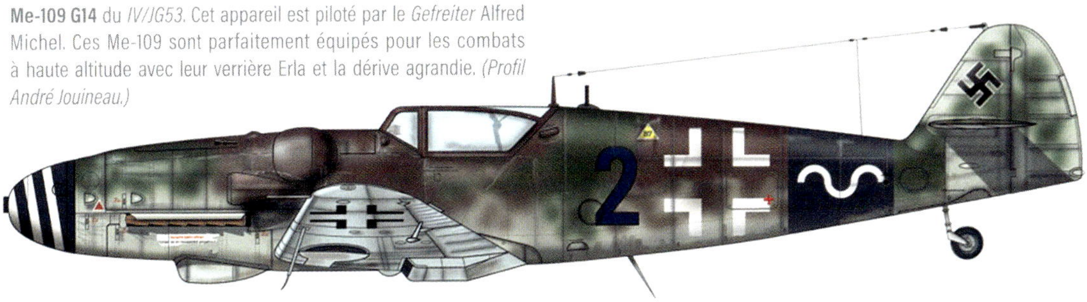

Ci-dessous : premier outil de la chaîne de défense antiaérienne alliée, le radar. Ici, une station de fortune dans la forêt des Ardennes. Relativement inefficace par mauvais temps, le radar permet d'éviter les mauvaises surprises. Au matin du 1er janvier, toutes les stations de veille n'ont pas été d'une grande efficacité. *(NARA.)*

Un Focke Wulf FW-190F-9. Cette version d'attaque au sol, identique au FW-190A-9, possède des bords d'attaque de voilure blindés. Ces deux avions équipent majoritairement les unités Jabos. *(Collection particulière, tous droits réservés.)*

L'*Oberfeldwebel* Stefan Kohl du *Jagdgeschwader 53* « Pik As », abattu, est fait prisonnier après *Bodenplatte*. Ce sont les pilotes américains du *386th Fighter Squadron* qui l'interrogent. *(Collection particulière, tous droits réservés.)*

et les Tempest de Volkel ne revendiquèrent pas moins de 25 appareils allemands abattus ainsi que 12 autres endommagés.

Premier échec

Avec un commandement étrillé et enlisés dans des combats difficiles et confus au-dessus du territoire ennemi, la route de la retraite ne put être coordonnée et les appareils rentrèrent en solo ou par paire vers leurs bases, retour durant lequel les attaques ne cessèrent pas pour autant.

Sur l'aérodrome de Münster-Hansdorf, les survivants durent même rapidement se mettre à couvert car, à leur tour, les chasseurs alliés mitraillaient le terrain !

Le raid sur Volkel fut donc un échec patent et le *174th Squadron,* qui y résidait, signala dans son rapport que l'ennemi «*entreprit quelques actions avortées contre nous* ». En outre, il semblerait que ces actions n'aient pas eu pour origine le *JG6* mais des appareils non moins égarés du *JG3* et du *JG27* !

Il en va de même pour Heesch où les dégâts furent mineurs, idem pour Helmond où, de toute façon, aucun avion ne stationnait. L'attaque du *I./JG6* sur Eindhoven semble en revanche avoir porté ses fruits puisque, selon un rapport allemand, 33 monomoteurs et six bimoteurs y auraient été détruits par cette unité et dix autres endommagés. Il convient à cela d'ajouter deux Spitfire[2] et un Typhoon descendus en combats aériens.

Les pertes en revanche avaient été colossales car il convient d'ajouter aux officiers déjà cités quatre *Staffelkapitäne*. Concernant les machines, le bilan était sans appel :

État-major : un avion abattu et un endommagé sur trois ;

I./JG6 : sept abattus et deux endommagés sur 29 ;

II./JG6 : huit abattus et deux endommagés sur 25 ;

III./JG6 : douze abattus sur 20 (!)

Ainsi, 16 pilotes avaient été tués ou étaient portés disparus et 7 autres faits prisonniers. L'erreur

2. Un autre Spit sérieusement endommagé.

Les photographies du Focke Wulf FW-190D-9 « Dora » sont rares et encore plus de D-9 ayant été photographiés pendant *Bodenplatte*. Les premiers fabriqués sont envoyés au *II./JG54* d'Oldenburg. Sur cette photo prise quelques semaines après l'opération, on reconnaît le D-9 du *Geschwader Major beim Stab* de la *JG6.(MAE)*

de navigation du *Kommodore*, les avions alliés ayant décollé avant l'arrivée des appareils allemands et la méconnaissance de l'aérodrome de Heesch avaient été prépondérants dans l'échec terrible et total de cette mission.

Ci-dessous: cette carte indique les raids menés par le *Jagdgeschwader 1*. *(Carte réalisée par le studio des Soixante, © 2018.)*

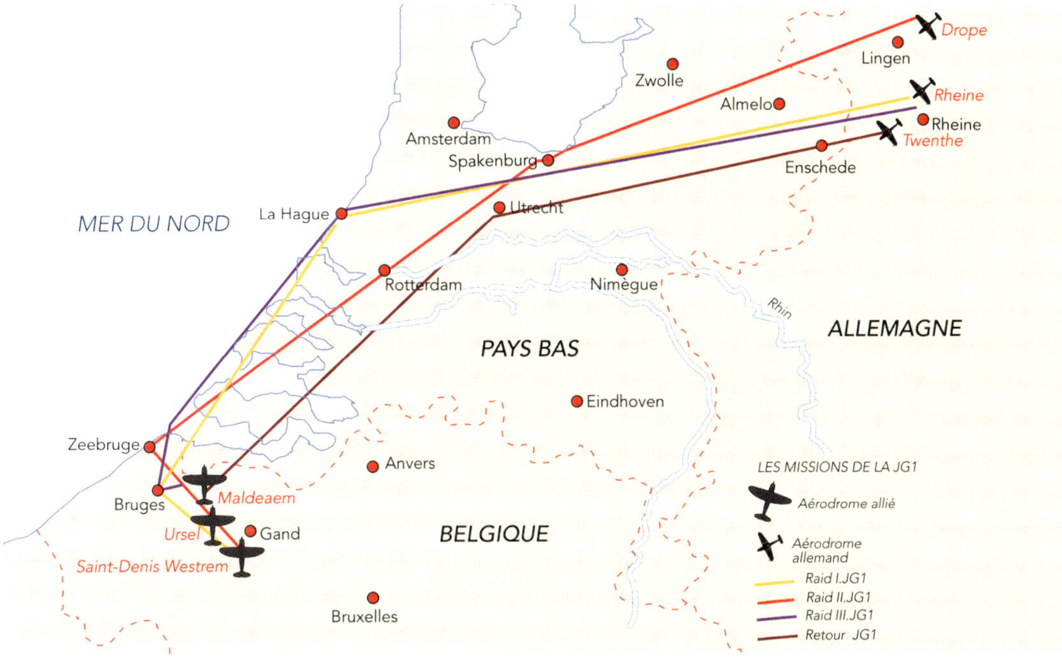

L'artillerie antiaérienne américaine est d'une redoutable efficacité aux abords des bases de l'US Air Force. Ici une pièce de 90 mm M1. *(NARA.)*

13. Le JG3 sur Eindhoven

Les pilotes du *JG 11* en combinaison de vol, préparent leur mission, inspectant leur Messerschmitt Me-109 G-10 ou G-14 sur leur terrain d'aviation. *(Collection particulière, tous droits réservés.)*

Un des plus grands as de la *Luftwaffe*, Heinz Bär, était quant à lui le *Kommodore* d'une autre fameuse unité de chasse, le *JG3 "Udet"*, du nom du fameux pilote, et il allait également se joindre à la bataille avec pour objectif Eindhoven (nom de code allié B-78). L'unité ne pouvait alors compter que sur trois de ses quatre *Gruppen* organiques, les *I.*, *III.* et *IV*.

À noter que les officiers aux commandes de cette unité se distinguaient encore par leur palmarès lors de leur engagement au-dessus des Ardennes à la mi-décembre. Que l'on en juge : Le *I.Gruppe* était commandé par un as aux 30 victoires alors que les chefs d'escadrilles en comptaient respectivement 18, 38, 22 et 37.

Malheureusement pour l'unité, l'engagement au-dessus des Ardennes à partir de la mi-décembre se révéla à ce point terrible que les quatre chefs d'escadrille furent tous mis hors de combat. Ils furent remplacés par des personnels beaucoup moins (voire pas du tout) expérimentés car les manques en termes de personnels

Le *Kommodore* du *JG 1*, Walter Oesau, et Heinz Bär, qui est à la tête des quatre *Gruppen* de sa *Geschwader*, la *JG 3*, en grande discussion. (*Collection Jan Bobek*)

qualifiés ou tout simplement d'officiers n'épargnaient pas non plus cette célèbre unité.

Eindhoven, la première cible

Les installations d'Eindhoven, pour leur part, représentaient la cible la plus importante de l'opération *Bodenplatte* car elles abritaient de nombreuses unités alliées.

Ainsi y trouvait-on les quatre *Squadrons* de *Typhoon* (137, 181, 182 et 247) du *124th Wing*. Ces unités avaient également souffert le poids des combats précédents puisque le *Group Commander* et trois des quatre *Squadron Leaders* avaient récemment été perdus. Les *Typhoon* de quatre autres escadrilles (*168*, *438*, *438* et *440*), *143rd Wing* s'y trouvaient également parqués.

Trois escadrilles de reconnaissance, équipées de Mustang et Spitfire (*400*, *414* et *430*) du *39th (Recce) Wing* se trouvaient également stationnées sur cet important aérodrome. Enfin, on pouvait y trouver de nombreux appareils de transport et de communication et le *403rd R & SU*. Les défenses antiaériennes avaient été en partie réduites car certaines unités avaient dû être délocalisées pour faire face aux V-1 mais il restait tout de même quatre *Regiment Squadrons* (*2703*, *2773*, *2806* et *2817*) de la *RAF* pour garantir la protection d'Eindhoven, armés de Bofors de 40 mm et de Bren.303.

Comme pour les autres unités le réveil fut matinal (5 heures) et le briefing qui suivit fut consacré à la cible, à la route à suivre pour l'atteindre, au trajet retour et aux différentes aides pour y parvenir (marquage au sol, fusées éclairantes, projecteurs). Les différents *Gruppen* devaient également être guidés jusqu'à un certain

L'insigne du *JG3 Udet*. (*dessin André Jouineau.*)

Cette carte indique les raids menés par la *Jagdgeschwader 3*. *(Carte réalisée par le studio des Soixante, © 2018.)*

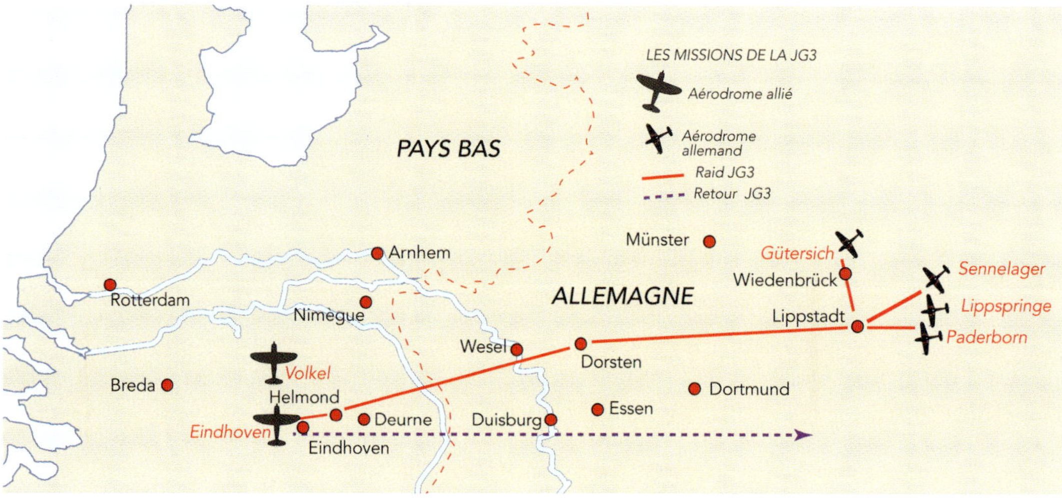

Ce Focke Wulf FW-190 vire sur l'aile, poursuivi par un chasseur américain. Au cours de cette opération, la *Luftwaffe* va perdre plus de 300 appareils de tous types et surtout, plus de 200 pilotes… *(NARA.)*

Un autre Focke Wulf FW-190A 8 ou A, vu de dessus. Si la photo n'est pas d'époque nous savons que le *JG3* de Bär en était copieusement équipée. *(Collection particulière, tous droits réservés.)*

point de leur course par des Ju-88. Exception fut faite pour le *IV./JG3* dont le Ju-88 fut déclaré hors service. Cette unité fut alors guidée par le *Leutnant* Müller qui, dans le cadre de la préparation de l'offensive, avait été chargé par la *Major* Bär d'étudier la cible sur des photos aériennes de 1 x 2 m et qui connaissait les différents itinéraires qui y menaient.

À 8 h 22 décollaient les appareils du quatrième groupe, suivis à 8 h 25 de ceux du premier et du troisième. Les trois *Gruppen* se regroupèrent au-dessus de Lippstadt dans l'ordre suivant : quatrième puis premier puis troisième groupe ; en tout, 60 appareils. Heinz Bär quant à lui ne décolla qu'à 8 h 45 pour un vol en solo. Pendant ce temps, l'activité commençait à battre son plein à Eindhoven et, entre 8 h 20 et 9 h 06, pas moins de 24 appareils avaient déjà pris l'air pour différentes missions alors que d'autres Spitfire et Typhoon se préparaient au décollage.

Pendant ce temps, le *JG3* s'approchait à grande vitesse, perdant deux appareils au passage de la ligne de front dont un chef d'escadrille au *III./JG3*.

Heinz Bär, toujours le premier

Le premier appareil à arriver au-dessus de la cible fut celui de Heinz Bär qui abattit deux Typhoon du *488th Squadron* en train de décoller. Puis arrivèrent les appareils des trois groupes et la curée commença. Des huit Typhoon du *488th Squadron* qui s'apprêtaient à décoller, au final deux en réchappèrent indemnes et un fut endommagé mais réparable, les autres avaient été rayés des effectifs en quelques secondes. D'autres appareils étaient aussi sur le point de décoller et subirent un sort identique.

Durant l'attaque, qui dura entre 23 et 25 minutes, l'enfer sembla se déclencher sur le terrain d'aviation, avec des dépôts de carburant et de munitions touchés, augmentant encore la confusion et ajoutant force explosions à la scène déjà dantesque de l'attaque.

Le QG du *143rd Wing* décrit l'attaque comme bien coordonnée et organisée, un axe courant d'est en ouest et l'autre du nord au sud, des attaques en rase-mottes menées par des vagues de douze appareils.

D'autres témoins allemands précisent qu'après quatre ou cinq passes, il y avait tellement de fumée au-dessus des installations qu'on n'y voyait plus rien et que chacun menait sa propre attaque et qu'en conséquence, il fut assez miraculeux qu'aucune collision aérienne entre assaillant n'intervînt. Les unités de DCA n'étaient pas très à l'aise avec leurs canons de 40 mm pour s'attaquer à des appareils volants si bas et

Un pilote du *440 Squadron*, *Wing 143 (Canadian)* se rue dans l'habitacle de son Typhoon Mk IB sur la base d'Eindhoven. Si la photographie date du mois d'octobre, n'en doutons pas, au matin du 1er janvier, les réflexes furent les mêmes. *(IWM.)*

Ci-contre : l'insigne du *403 Squadron* canadien.

Ce dessin et ces deux photos présentent les hommes et leurs appareils : les Spitfire Mk XIV du *403 Squadron* canadien qui sont basés à Petit Brogel. *(Collection particulière, tous droits réservés.)*

Une paire de Focke Wulf FW-190 en vol de patrouille au-dessus de la Belgique. *(Collection particulière, tous droits réservés.)*

La base d'Eindhoven fut la première à être frappée par la *Luftwaffe*. Les appareils roulaient sur le taxiway quand les premières bombes tombèrent sur les pistes et les hangars. L'attaque dura vingt minutes.

au final, malgré leur combat acharné, seuls cinq appareils furent portés à leur crédit.

L'attaque cessa à 9h45 et les appareils rentrèrent vers l'Allemagne, la plupart de façon individuelle. Quatre avions furent perdus lors de ce retour.

Des pertes substantielles

À Eindhoven (qui put être déblayé dès l'après-midi même), les pertes avaient été substantielles. On comptait près de 44 appareils détruits au sol et 60 autres endommagés ! Le *39th Wing* avait particulièrement souffert avec pas moins de 30 appareils détruits ou endommagés. Le *440th Squadron* devait tout simplement cesser toute activité faute d'appareils en attendant l'arrivée d'avions de remplacement. En outre, quinze hommes avaient été tués et quarante autres blessés.

Ces pertes ne sont pas à mettre au crédit seul du *JG3* car le *JG6* attaqua également les installations d'Eindhoven comme nous l'avons vu précédemment et peut-être crédité d'une part significative des dégâts causés.

Ci-dessous : un Typhoon Mk Ib du *440 Squadron* après un atterrissage malheureux sur le terrain d'Eindhoven. L'appareil a perdu sa casserole d'hélice dans l'aventure. La scène a eu lieu quelques jours après *Bodenplatte*. *(IWM.)*

Ce Typhoon du *439 Squadron* est équipé de rails lance-roquettes légers et profilés. Ces dispositifs permettent de ne pas perdre en vitesse, malgré l'emport des roquettes antichars. *(Collection particulière, tous droits réservés.)*

Ce mécano, accablé, tourne le dos à un Typhoon du *439 Squadron* en flammes après le passage des Jabos de la première vague de l'opération *Bodenplatte*. *(Collection particulière, tous droits réservés.)*

Ce Junkers Ju-88 G1 ne rentrera pas à la base. Cet appareil fait partie des 300 autres avions allemands qui disparaissent lors de cette terrible journée. *(Collection particulière, tous droits réservés.)*

Cette carte précise la mission de la *Jagdgeschwader 4*. *(Carte réalisée par le studio des Soixante, © 2018.)*

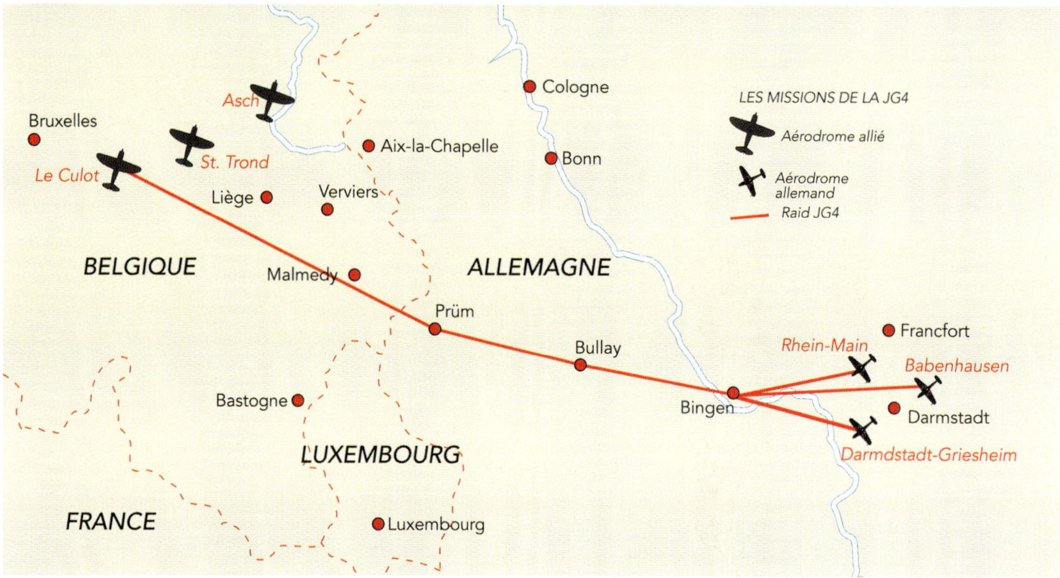

Après le passage des avions d'assaut allemands, le terrain d'Eindhoven est ravagé et les carcasses calcinées des Typhoon du *440 Squadron* jonchent le sol. Seul le *Flight-Lieutenant* Gibbons du *Squadron 168* réussit à abattre un FW-190 avant d'être descendu à son tour par trois Me-109. *(Collection particulière, tous droits réservés.)*

Du côté des assaillants, les pertes avaient été substantielles avec près d'un quart de la force mise hors d'état, 15 des 60 appareils perdus et trois autres endommagés, neuf pilotes tués et six autres prisonniers.

Mais, néanmoins, une ambiance de victoire flottait dans les cantonnements au retour de l'ensemble des pilotes.

Le *Flying Officer* A.H. Fraser, un Canadien du *439 Squadron* est assis dans son Typhoon. Le 14 février, Fraser et le *Flight Lieutenant* Shaver réussiront à détruire deux Me 262 qui volaient plus bas qu'eux. Ce sont les premiers Schwalbe détruits en vol par la chasse alliée. Cette photo été prise quelques jours après ce combat. *(Collection particulière, tous droits réservés.)*

Décembre 1944, à proximité du poste de contrôle mobile de la base d'Eindhoven, un Typhon du *168 Squadron* touche la piste au retour d'une mission. *(Collection particulière, tous droits réservés.)*

14. Le JG1 "Œsau" fond sur Maldegem

Un P-47 américain, pris dans la cinémitrailleuse de son ailier, poursuit un Me-110 dans le ciel belge. On devine aisément la fin de la séquence...

Au *JG1 «Œsau»*, 80 Me-109 et FW-190 guidés par 2 Ju-88 du *I/NJG2*, avaient pour cibles les aérodromes belges de Gilze-Rijen, Maldegem, Ursel (*Stab*, *I.* et *III. Gruppen*) et Saint Denis-Westrem (*II.Gruppe*). Point important pour cette unité, aucun des commandants de groupe[1] en poste le 31 décembre n'avait assisté à la réunion de présentation de *Bodenplatte* survenue avant le déclenchement de l'offensive terrestre.

Les cibles : il convient de mentionner tout d'abord que ni Gilze-Rijen, ni Maldegem n'étaient couverts par de la DCA. Maldegem abritait deux des trois *squadrons* du *135th Wing*, les *349th* et *485th*. À Ursel (B-67 situé à seulement 15 km de Maldegem), on réarmait et réapprovisionnait en carburant des unités de passage et l'aérodrome pouvait accueillir jusqu'à 12 *squadrons* mais aucun ne se trouvait présent sur site le 1er janvier, seuls trois quadrimoteurs endommagés et un *Mosquito* se trouvaient sur place. Enfin, Saint Denis Westrem (B-61) était la base du *131st Wing* (Polonais – *302*, *308* et *317*) aux trois escadrilles de Spitfire. S'y

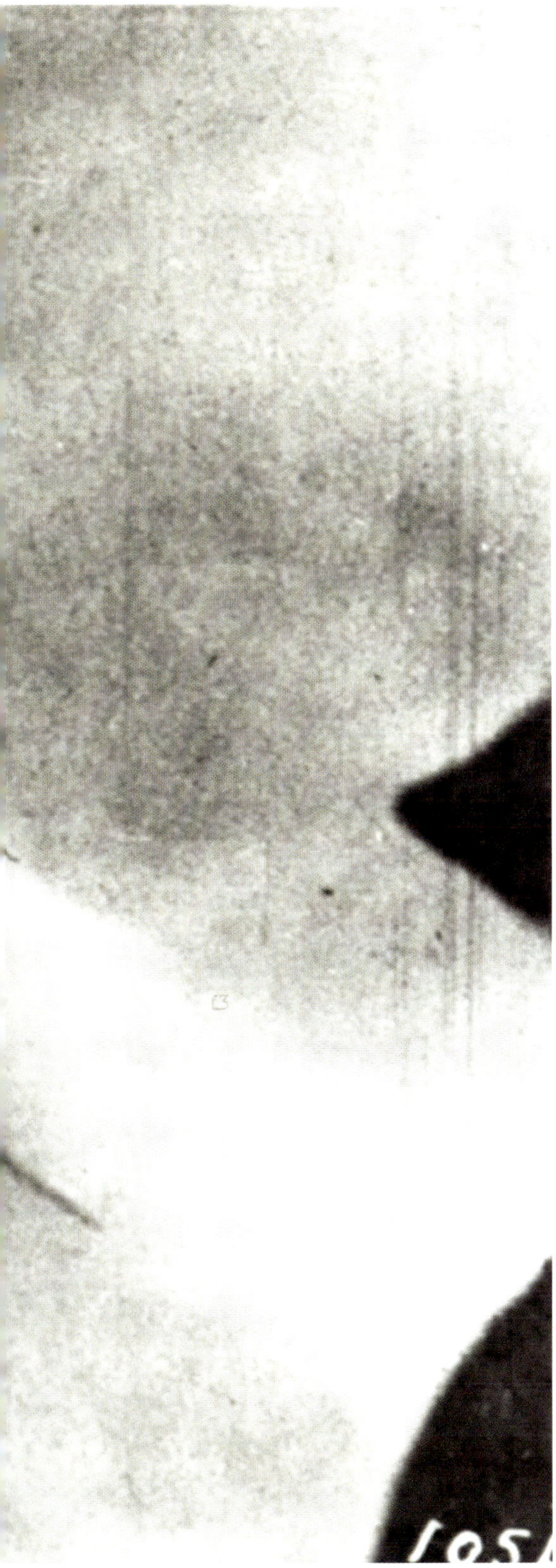

trouvaient aussi les appareils de liaison du *85th Group Communications Squadron*. L'aérodrome servait enfin de base de recueil pour les quadrimoteurs trop endommagés pour pouvoir espérer rejoindre leur base anglaise au retour des raids sur l'Allemagne.

L'attaque à l'aube

Après un réveil à 5 h 00/5 h 30, c'est entre 8 h 10 et 8 h 15 que les avions des trois *Gruppen* allemands prirent l'air en direction de leur objectif. Au-dessus de La Haye, ils essuyèrent les tirs de la *Flak* allemande non prévenue de leur passage et trois d'entre eux parmi le *I./JG1* furent descendus, dont le commandant de l'unité lui-même, l'*Oberstleutnant* Ilhefeld qui dut faire un atterrissage forcé. Il en fut de même des deux Ju-88 qui guidaient le *III./JG1* ! L'unité se retrouvait donc ainsi sans guide à plus d'un titre.

L'attaque d'Ursel fut confiée à la quatrième escadrille du *I/JG1* et se révéla une amère déception car les douze *Squadrons* de Spitfire qui y séjournaient avaient été rappelés la veille en Grande-Bretagne sans que le mouvement ne soit détecté par les services allemands et n'y furent finalement détruits que les appareils cités plus haut à savoir un B-17 en réparation, deux Lancaster et un Mosquito au prix de la perte d'un FW-190.

Sur Maldegem, il semble que la brume puis la fumée constituèrent une réelle gêne pour les assaillants qui n'étaient plus qu'au nombre de douze.

Une confusion certaine régna en leur sein lors de l'attaque et ils ne purent s'en tenir au plan préalable de cinq passes au-dessus du terrain. Néanmoins, sans opposition de la part de la DCA absente, les Allemands purent opérer en toute impunité et prélever des pertes très sensibles sur le terrain. Comme le résume très bien un rapport du 135th *Wing* dont on appréciera au passage l'humour tout britannique : *« [...] en l'absence de DCA, (l'ennemi) put absolument faire tout ce qu'il voulait hormis atterrir et prendre une tasse de thé. Les dommages se montent à 14 avions détruits »*.

Miraculeusement épargnés

Un autre rapport du *349th Squadron* donne une vision intéressante de la tactique employée et de la façon dont ses appareils furent en quelque sorte miraculeusement épargnés : *« L'attaque commença probablement à 9 h 20, menée par une douzaine d'appareils et dura 7 à 8 minutes. Ils firent au début un survol de reconnaissance puis revinrent, tous leurs canons crachant le feu, volant juste au-dessus de la cime des arbres, faisant au moins trois passes dont la première en débouchant du soleil. [...] Nous eûmes beaucoup de chances de ne perdre qu'un appareil car, en effet, nos avions étaient dispersés dans un creux du terrain, cachés par les hangars et lorsque le* Hun *les apercevait il était trop tard pour tirer »*.

Le *III./JG1* s'en fut aussi rapidement qu'il était arrivé sur les lieux, ne déplorant la perte que d'un appareil ; perte due à un problème mécanique, son pilote étant fait prisonnier.

Le retour s'opéra là encore en solo ou par paire et devait se révéler coûteux puisque le *I.* et le *III. Gruppen* y perdirent 6 appareils et pilotes. Les avions étaient de retour sur leurs bases entre 10 h 30 et 11 h. 13 FW-190 avaient été perdus par le *Stab* et le *I./JG1* (dont le commandant de la *I./JG1)*, avec 5 pilotes tués et quatre désormais

L'insigne du *JG1. (dessin André Jouineau.)*

L'insigne du *I./JG1. (dessin André Jouineau.)*

prisonniers. Le *III.Gruppe* n'avait quant à lui perdu que trois appareils et un pilote, tué.

À ce prix, les Allemands avaient détruit 15 Spitfire à Maldegem. Victoire à la Pyrrhus, pour le moins, et réelle défaite quant au nombre de pilotes qui avaient disparu pour obtenir un tel résultat.

Enfin, à Saint Denis-Westrem, le *II.Gruppe* devait attaquer les Spitfire des trois *Squadrons* polonais (*302*, *308* et *317 Sq.*) du *131st Wing*.

Ce Spitfire Mk XVI, surpris en pleine séance de ravitaillement, appartient à un *squadron* polonais probablement le *302* ou le *303* basé à Anvers. *(Collection particulière, droits réservés.)*

Mais les Polonais étaient déjà partis en mission de bombardement lors de l'attaque : (12 Spitfire à 8 h 15, 11 autres à 8 h 35 et enfin les huit derniers à 8 h 49) et, en fait, revenaient à leur base, engageant de terribles duels avec les Allemands qui étaient passés à l'attaque à 9 h 30.

Les Allemands n'avaient ainsi pu jouir que de quelques minutes d'impunité au-dessus de l'aérodrome offert sans DCA. Les Polonais, pour la perte de deux Spitfire (plus sept atterrissages d'urgence dans les champs) revendiquaient 14 victoires aériennes sur les FW-190 du *II.Gruppe*. Parmi les pertes, on comptait un de ces experts devenus rares, de la *7./JG1*, l'*Oberfeldwebel* Niedereichholz, avec l'unité depuis 1941 (!) et aux 16 victoires. Son appareil et lui-même restent à ce jour introuvables.

Malgré ce cruel duel aérien pour les Allemands, les passes réalisées au tout début de l'attaque en l'absence de toute opposition avaient été réussies puisqu'au final, 19 Spitfire, 1 B 17, un Short Stirling, quatre Anson, un Mosquito et un Auster avaient été détruits (plus 1 B-17 endommagé), deux pilotes polonais tués ainsi que trois autres hommes au sol et 21 autres blessés. Les dommages aux infrastructures étaient également conséquents.

Les mécaniciens du *Squadron 137 – 124 Wing* – préparent l'appareil personnel du *Wing Commander* Johnny Baldwin sur l'aérodrome d'Anvers Deurne, en décembre 1944. Le précédent appareil de cet officier avait été détruit par un V-1 au début du mois. *(Collection particulière, droits réservés.)*

Un prix à payer trop élevé

Il est interressant de noter certains effets collatéraux relatés par un pilote polonais durant ou après cette attaque allemande. En l'air, il avait dû essuyer des tirs fratricides provenant d'une DCA alliée sans doute devenue un peu trop sensible de la gâchette suite à ce qu'elle venait de subir et, une fois atterri à Gilze-Rijen, il dut attendre des heures pour que l'on puisse refaire le plein des appareils de son unité.

Pour les aviateurs allemands de la *II.Gruppe*, la route du retour vit encore des pertes (trois appareils) abattus. En tout, 17 FW-190 avaient été perdus sur les 36 qui s'étaient envolés au matin !

Au total, le *JG1* avait détruit dans son ensemble 54 avions au sol, abattu deux Spitfire plus sept atterrissages forcés pour 29 chasseurs perdus et quatre endommagés et 25 pilotes reportés manquants à la fin de la journée.

Là encore, le prix à payer avait été bien trop élevé pour une *Luftwaffe* à bout de forces.

À gauche : les appareils du *131 Wing*, sont pilotés par les Polonais des *302*, *303* et *317 Squadrons*, théoriquement, tous équipés de Spitfire Mk XVI. *(Collection particulière, droits réservés.)*

Un pilote polonais du *268 (Recce) Squadron* pose devant son North American Mustang. Ce *squadron* du *35 (Recce) Wing* est monté sur l'appareil américain depuis le mois de novembre 1944. La photo date du début de l'année 1945. *(Collection particulière, droits réservés.)*

Sur l'aérodrome de Gand, où les bombes du *JGI* ont déjà fait leur œuvre, un Spitfire Mk XVI d'un *squadron* polonais a échappé à la destruction. *(Collection particulière, droits réservés.)*

FW-190D-9 de la *4./JG 2.* Cet appareil porte les marques du *Major beim Stab.* Le 1er janvier 1945, ce FW 190, piloté par le *Feldwebel* Werner Hohenberg – *Rottenführer* du *Führungsschwarm* –, est abattu par la DCA américaine. Le pilote, qui totalise à l'époque 33 victoires, réussit à se poser avant d'être fait prisonnier par les servants de la batterie US. *(Profil André Jouineau.)*

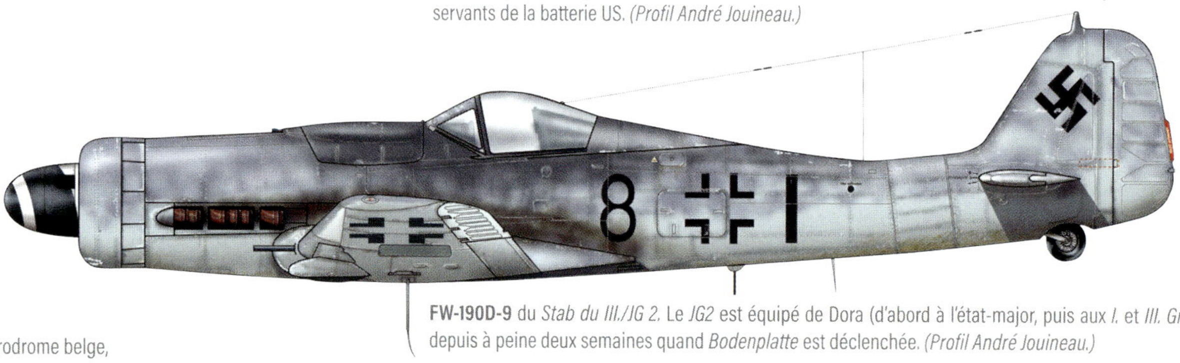

FW-190D-9 du *Stab du III./JG 2.* Le *JG2* est équipé de Dora (d'abord à l'état-major, puis aux *I.* et *III. Gruppen*) depuis à peine deux semaines quand *Bodenplatte* est déclenchée. *(Profil André Jouineau.)*

Sur un autre aérodrome belge, après le passage des *Jabos* allemands, un avion de liaison britannique – un Avro Anson – attend d'être envoyé à la casse. *(Collection particulière, droits réservés.)*

Ce Spitfire Mk XVI du *127 Squadron* est photographié, en décembre 1944, sur l'aérodrome de Grimbergen près de Bruxelles. Au moment où l'opération *Bodenplatte* est déclenchée, cet aérodrome « abrite » des B-17 G et des P-51 D Mustang de la *8th Air Force*. Les Polonais sont, à cette date, basés à Gand. *(Collection particulière, droits réservés.)*

Insigne du *33 Squadron* britannique. *(Collection particulière, droits réservés.)*

Ci-contre : les Spitfire Mk XVI et Mk XIV qui équipent principalement les escadrilles de chasse britanniques sont basés sur les aérodromes de Deurne, Bruxelles-Evere, Eindhoven, Gand et Olphoven. *(IWM.)*

Ci-dessous : ce FW-190 D-9, – le 12 noir – appartient probablement au *JG2*. Le *Richthofen*, fort, ce 1er janvier 1945, de 90 appareils, participe avec le *SG4*, à l'attaque de l'aérodrome de Saint-Trond. Il est raisonnable de penser que le *JG2* perd près de 35 appareils dans l'attaque... *(Collection particulière, droits réservés.)*

15. Le JG2 et le SG4 à l'assaut

Même si la légende d'origine de cette photographie indique que ce P-47 Thunderbolt s'est écrasé au retour d'une mission, elle illustre parfaitement ce qu'un coup au but pourrait faire comme dégât. *(NARA.)*

Le *JG2* au fameux nom de *Richthofen* était stationné au nord de Francfort, sous les ordres de l'*Oberstleutnant* Kurt Bühligen aux plus de 100 victoires obtenues face aux Alliés occidentaux.

En ce qui concerne cette unité, les jours précédant son engagement dans le cadre de *Bodenplatte* sont intéressants à plus d'un titre car ils sont le reflet de plusieurs éléments bien connus. Tout d'abord quant à l'efficacité de l'appareil de production allemand puisque le *I./JG2* ne reçut pas moins de 54 FW-190 D9 flambant neufs durant le mois de décembre.

D'autre part, cette unité nous permet d'illustrer également la tactique de bombardement des bases allemandes entreprise par l'USAAF le 24 décembre et les résultats de celle-ci : bien que totalement surprise par ce raid et frappée par cinq vagues de bombardement, l'unité ne déplora la perte que d'une machine et d'un pilote et un personnel au sol tués (plus un blessé). Les infrastructures furent en revanche sévèrement

Tous les pilotes de FW-190 ne sont pas morts au-dessus des aérodromes alliés lors des raids du jour de l'An 1945, ou victimes de la DCA américano-britannique sur le chemin du retour, comme pourrait en témoigner cette photographie d'un pilote quittant, indemne, l'étroit habitacle de son *Jabo*. *(Collection particulière, droits réservés.)*

touchées mais Merzhausen était de nouveau complètement opérationnel au 1er janvier. À cette date, l'unité alignait 46 FW-190 dont 38 D9.

Des raids américains inutiles ... ou presque

Ces raids du 24 décembre qui laissèrent 160 cratères sur le terrain de la *II./JG2* n'eurent pour autre conséquence que la destruction d'un Me-109. Malgré l'arrivée de 16 nouveaux Me-109 K4, l'unité n'alignait plus à la fin du mois que 29 appareils.

Pour finir, 53 FW-D9 allaient également être livrés au *III.Gruppe* du *JG2* en décembre. Là encore l'unité avait eu à subir l'assaut des bombardiers du 24 décembre mais s'en tira avec deux personnels au sol blessés et un appareil détruit et un autre endommagé. Il faut dire aussi que l'unité était en mission au moment de l'attaque.

Au 31 décembre, l'unité comptait 43 FW-190 dont 35 D9. À noter un point intéressant quant à la tactique de combat utilisée pour la mission et relaté par un témoin, pilote à la *9./JG2* : il était prévu que le premier passage de son unité se fasse en faisant feu certes des canons des appareils mais également en tirant des fusées de 210 mm qu'ils embarquaient. Une fois celles-ci tirées les autres passages devaient se faire au canon.

Le *Schlachtgeschwader 4*, adjoint à l'unité pour cette mission, n'avait accompli au-dessus des Ardennes qu'une bien piètre performance et son commandant, l'*Oberstleutnant* Janssen venait d'être relevé de son commandement pour cette raison le 29.

En tout, ces deux unités représentaient tout de même une force considérable de 84 appareils pour le *JG2* et 55 pour le *SG4*.

Les Américains pour cible

Leur cible : les appareils des *404* et *48th Fighter Groups* à Saint Trond. Les photographies aériennes

Insigne du *JG2 Richthofen*. *(dessin André Jouineau.)*

Insigne du *III./JG2*. *(dessin André Jouineau.)*

Cette carte précise les missions des *JG2* et *SG4*. *(Carte réalisée par le studio des Soixante, © 2018.)*

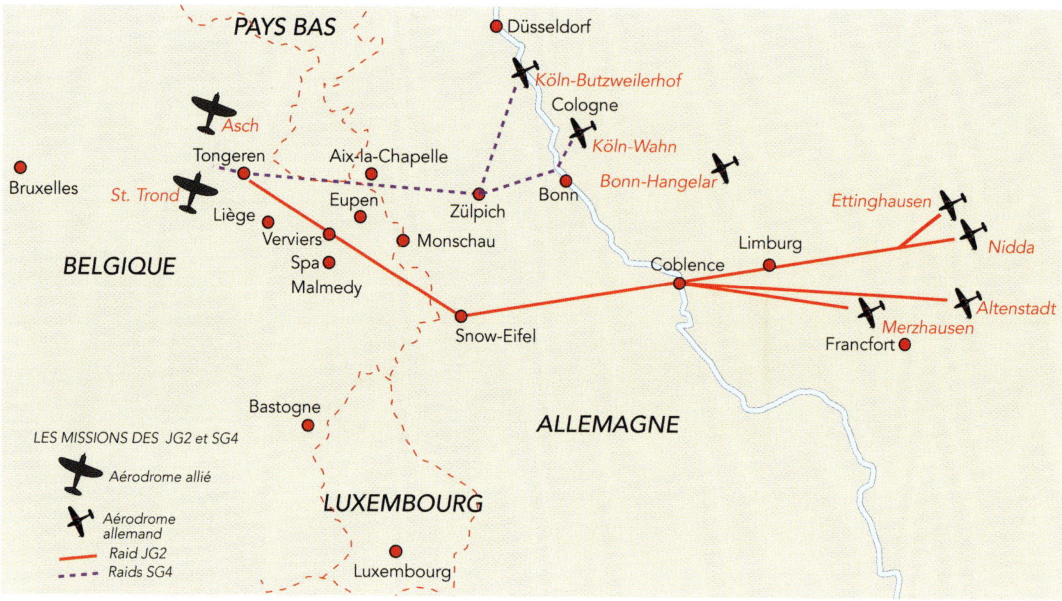

Insigne du *JG54 Grünherz. (dessin André Jouineau.)*

Insigne du *I./JG21. (dessin André Jouineau.)*

avaient notamment identifié pas moins de 130 P-47 sur cette base qui de facto constituait une cible de premier plan et justifiait l'emploi d'une force de chasseurs aussi conséquente.

À l'annonce des caps à suivre pour atteindre la cible, les mines des pilotes allemands durent sans aucun doute s'allonger car le trajet préconisé n'avait rien de rassurant : voler bas pouvait certes présenter l'avantage certain de ne pas être détecté par les radars de l'ennemi, mais voler bas pour traverser la ligne de front juste au-dessus de la zone du Schnee Eifel où se déroulaient les violents combats terrestres de la bataille des Ardennes depuis quinze jours n'était peut-être pas la meilleure idée qui fut, au vu des troupes alliées massées dans ce secteur…

À 8 heures, l'ordre de décoller fut cependant donné et les appareils du *JG2* s'élancèrent bientôt dans les cieux derrière leurs Ju-88 *Lötsen*. Les trois *Gruppen* se rejoignirent à la hauteur de Koblenz sans pour autant chercher à voler en une seule et même formation. Le *SG4,* de son côté, devait se regrouper progressivement : la *III.Gruppe* avec le *Stab* et la *II.Gruppe* à 8 h 57, puis devait venir s'ajouter, à hauteur de Zülpich, la *II./SG4*. Les choses allèrent mal d'emblée pour le *III./SG4* qui, en raison des très basse température (-10°), dut retarder son envol. Ensuite survinrent des problèmes techniques si bien qu'il ne resta bientôt plus que 10 FW à voler vers Saint Trond. Par la suite, entre confusions, erreurs d'interprétation et de navigation, il n'y eut plus que quatre appareils avec le leader de la formation qui décida au final de retourner à la base. On estime que seulement 4 FW-190 du *III./SG4* participèrent à l'assaut car ils s'étaient joints par erreur à des appareils du *JG11* qui croisaient leur route !

Le Thunderbolt ici en flammes appartient au *367th Fighter Squadron, 358th Fighter Group* de la *9th Air Force*. Treize appareils de ce *squadron* réussissent à décoller et prennent à partie les Me-109 des *Stab. II., III.* et *IV./JG53* chargés d'anéantir les appareils américains. *(NARA.)*

Ces deux photographies de P-47 Thunderbolt et Razorback en flammes ont été prises pendant le raid du *JG53* sur l'aérodrome de Y-34 de Metz-Frescaty.
Ce jour, le *JG53* revendique 27 chasseurs américains détruits au sol, huit endommagés et quatre autres abattus en vol. Le *JG53* perd 30 Bf 109 plus huit endommagés. *(NARA.)*

Le périple du *JG2*

À la lueur des événements, il apparaît également que les *I.* et *II. Gruppe* ne se joignirent pas à la mission. En cela, l'unité continuait sur sa lancée des ordres et contre-ordres, des raids avortés qui avait été son apanage la précédente quinzaine au-dessus des Ardennes.

Ce ne sont donc qu'un nombre estimé à six appareils sur les 50 initialement prévus qui poursuivirent la mission (!) et seulement un seul semble avoir attaqué l'aérodrome d'Asch. De toute façon, quatre[1] des six n'en revinrent pas. Un fiasco magistral en somme.

Revenons maintenant au périple du *JG2* et de son odyssée au-dessus de la DCA américaine à la hauteur du passage de la ligne de front. Le *JG2* était maintenant dirigé par les différents chefs de groupes car les Ju-88 avaient, comme prévu, fait demi-tour pour rejoindre leurs bases. L'un d'entre eux fut d'ailleurs abattu par un chasseur durant ce vol de retour. La zone de passage au-dessus du front évoquera sans doute quelques souvenirs aux connaisseurs de la bataille terrestre des Ardennes : Montjoie, Malmédy, puis, plus au nord, autre écho d'une autre sinistre bataille, Hürtgen. Il faut ajouter ici qu'une DCA nombreuse avait également été placée dans la zone pour lutter contre les V-1 qui, comme nous l'avons vu précédemment, avaient de très nombreuses bases de lancement camouflées dans le Schnee Eifel et étaient tirés vers Liège ou Anvers. La *"Buzz Bomb Alley"* était donc parsemée de positions antiaériennes pour tenter de limiter cette menace majeure. À titre d'exemple, le *Captain* Sandanger cite dans sa zone d'action autour de Spa Malmédy pas moins de 32 canons de Bofors de 40 mm et 16 half-tracks antiaériens.

Comme il était à craindre, les chasseurs furent bien loin d'échapper à l'hécatombe prévisible.

1. Dont celui de l'*Oberst* Druschel, totalisant 800 missions d'appui au sol.

Toujours à Metz-Frescaty, un P-47, au milieu des décombres, semble avoir échappé aux bombes et aux mitrailleuses des versions *Jabos* des Me-109 du *JG53. (NARA.)*

Au *I./JG2*, 7 FW-190 furent abattus et la formation perdit toute cohésion. La *II./JG2* "n'y perdit que" 5 Me-109 dont celui du *Hauptmann* Schröder, son chef. Enfin, la *III./JG2* perdit également 6 avions lors du franchissement de la ligne de front.

L'affaire s'engageait donc très mal pour le *JG2* dont les *Gruppen* étaient désormais disloqués. Les pilotes survivants allaient attaquer des cibles d'opportunité ou poursuivre jusqu'à Saint Trond mais en ordre très dispersé, individuellement ou par paire.

La désorganisation des unités semble aussi avoir entraîné une certaine confusion dans les objectifs, certains pilotes allemands pensant s'être battus en combat aérien au-dessus de Saint Trond avec des Mustangs alors qu'apparemment aucun chasseur américain ne fut engagé au-dessus de cette base. Ophoven ou Asch semblent en revanche avoir été l'objet des tirs de certains des appareils du *JG2*.

Sur le chemin du retour

Sur leur route de retour, les Allemands durent encore faire face à la DCA et à des chasseurs et le bilan de l'ensemble de l'opération allait donc s'avérer catastrophique pour l'unité: le premier groupe avait perdu dans l'affaire 18 appareils plus 6 endommagés (73 % de l'effectif!). Le second groupe déplorait quant à lui la perte de 5 Me-109 plus 3 endommagés (40 % de l'effectif engagé). Enfin au dernier groupe, le résultat était encore pire avec 79 % d'appareils abattus ou endommagés, respectivement au nombre de 19 et 3. Pour ce qui

Les équipes de pompiers et les personnels au sol tentent, désespérément de circonscrire les incendies provoqués par les bombardements allemands. Ici, véhicules et avions disparaissent dans les flammes à l'entrée d'un des grands hangars de la base. *(NARA.)*

est des pilotes il fallait déplorer 21 morts et 11 prisonniers de guerre.

Quant aux résultats, entre les pertes et la désorganisation qui s'ensuivit, aucun rapport ne semble avoir pu être dressé mais les dommages, s'il y en eut, durent être des plus limités. Certaines sources citent pour le *SG4* et le *JG2* 12 P-47 détruits.

Pour les superstitieux, il semble que le chiffre 4 n'ait décidément pas porté chance aux unités allemandes lors de *Bodenplatte*. Nous venons de voir les piètres résultats obtenus par le *SG4*. Il en sera quasi de même avec le *JG4*. À noter ici, pour éloigner la superstition de ces lignes, que la route de cette unité passait également au-dessus du champ de bataille terrestre des Ardennes. Mêmes causes, mêmes conséquences…

Le Culot, un objectif de choix

L'unité était aux ordres du *Major* puis *Oberstleutnant* Michalski (chevalier de la Croix de Fer, 70 victoires) qui allait mener au combat le *IV./JG4* et ses Me-109 prirent l'air aux environs de 8 h 20 en direction de Le Culot, guidé par un Ju-88.

Le Culot (A-89) et son aérodrome secondaire (Y-10) représentaient une autre cible de choix. Autour de la piste de A-89, on trouvait regroupées

En l'air, les P-51 Mustang – peut être un appareil du FS ayant décollé des pistes de l'aérodrome de Bruxelles-Grimbergen, seul aérodrome abritant des Mustang américains attaqué ce 1er janvier 1945 –, se lancent à la poursuite des chasseurs allemands des *JG26* et *54* qui viennent de lancer leurs bombes sur les appareils de la *8th Air Force*. *(NARA.)*

Ce P-51 D Mustang, le « Alabama Rammer-Jammer » du *First-Lieutnant* Arthur C. Cundy, appartient au *352nd Fighter Squadron, 353rd Fighter Group, 66th fighter Wing* de la *Third Bomb division, 8th Air Force*. Cette unité, bien qu'ayant participé activement aux opérations au-dessus des Pays bas, n'y a jamais stationné ; s'épargnant ainsi les pertes subies par les rares unités de Mustang de Bruxelles-Grimbergen. *(NARA.)*

Le P-47 D Thunderbolt « Bonnie Lynn » appartient au *379th Fighter Squadron, 362nd Fighter Group*. Basés en France, à Rouvres, les P-47 du *Group* n'eurent pas à subir les attaques du 1er janvier 1945. Cette unité de la *9th Air force* put, le jour même, continuer son travail de sape contre les forces au sol sur le front du Rhin. *(NARA.)*

les escadrilles du *36th Fighter Group* de la *9th USAAF*, soit les *53rd*, *22nd* et *23rd Fighting Squadrons* et leurs P-47. Y-10 avait été désigné pour servir de base aux avions de reconnaissance tactique et photographique.

Au moment de l'attaque s'y trouvaient positionnés les appareils, des P-38 F-5, des *160th* et *161st TRS*.

Les choses s'engagèrent d'emblée assez mal pour les assaillants, le *Kommodore* du groupe lui-même devant abandonner la mission sur panne mécanique. Le Ju-88 qui guidait le *IV/JG4* fut ensuite abattu au-dessus des Ardennes par la DCA. Afin d'éviter les tirs de celle-ci, le nouveau leader guida le *Gruppe* vers les nuages où l'unité perdit dès lors et sa cohésion et sa route.

Quatre appareils furent en outre perdus dans cette zone sous les coups de la DCA. Ce qui restait de cohérent du *IV.Gruppe* tenta de maintenir son

Cette carte précise les raids des *JG26* et *III./JG54*. *(Carte réalisée par le studio des Soixante, © 2018.)*

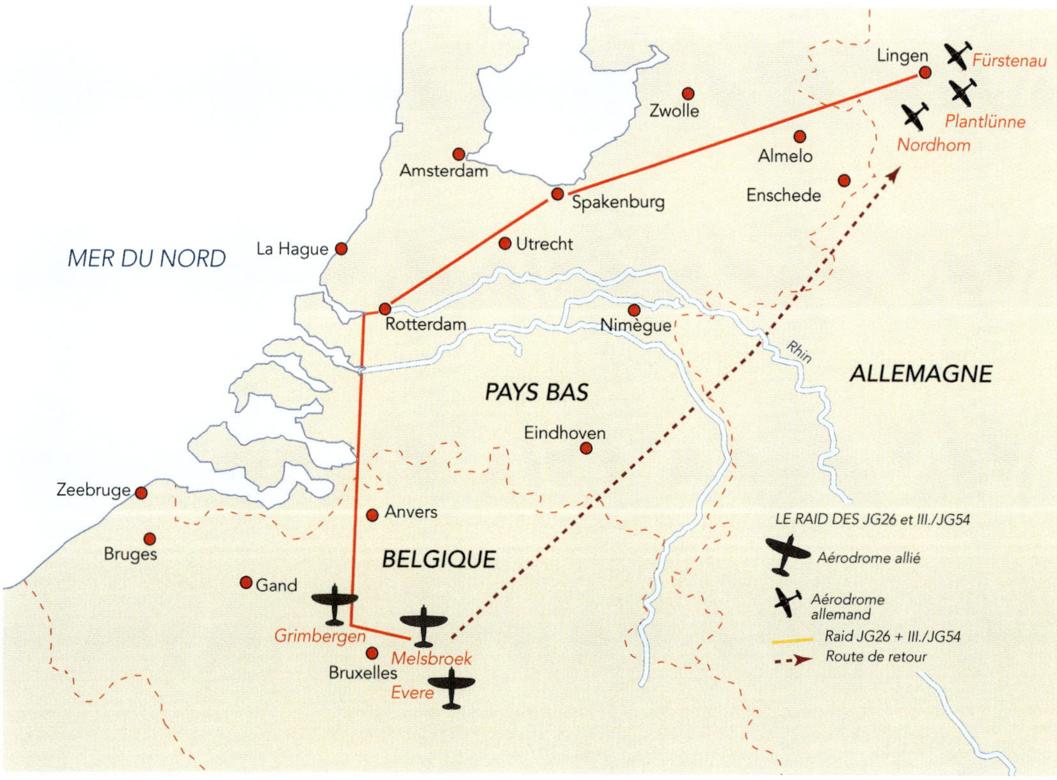

Le Focke Wulf FW-190 D9 du *Fw.* Werner Hohenberg du *Stab I./JG2* est abattu par la batterie « B » du *430th Anti Aircraft Artillery* à 9 h 30 précisément (voir profil p.118). *(NARA.)*

cap et finit par confondre Saint Trond avec Le Culot. Les unités qui s'y trouvaient furent prises par surprise par l'attaque, en pleine procédure de décollage pour certains appareils.

L'attaque menée par chaque appareil en solo dura à peine dix minutes. Mais durant ce temps, ce fut l'hécatombe parmi les chasseurs et pas moins de 6 furent abattus par la DCA. Deux seulement purent repartir vers leur base !

L'un d'entre eux dut faire un atterrissage forcé suite à une rencontre avec des P-51 alors que le dernier réussit, seul donc, à regagner sa base… Bien que peu nombreux, les chasseurs allemands, ayant pris leur adversaire par surprise, furent capables de lui infliger des dégâts sévères : 10 appareils détruits et 31 endommagés.

Les FW-190 A-8/R2 du *II.(Sturm-)Gruppe* s'envolèrent quant à eux à la suite de leurs deux

Ces mécaniciens de la *9th Air Force*, remettent en état le moteur droit d'un P-38 sur l'aérodrome de Le Culot. Cet appareil appartient probbablement au *370th Fighter Group*. *(NARA.)*

Ju-88 à partir de 8 h 08. Le regroupement des différentes unités du groupe fut assez chaotique mais celui-ci finit par prendre son cap vers l'ouest au-dessus des Ardennes… où fut également d'emblée abattu le Ju-88 qui guidait l'ensemble, le second ayant déjà dû faire demi-tour. Huit à neuf autres appareils y furent descendus et ce qui restait de l'unité était maintenant complètement désorienté, car au-delà du Ju-88, le nouveau leader avait également été abattu. En tout un Auster fut détruit en vol par le *Gruppe* qui jamais n'atteignit sa cible. Deux ou trois avions furent reportés touchés au sol sur un aérodrome non identifié, ce qui en dit long sur l'état dans lequel se trouvait l'unité au moment de l'attaque. Quelques actions de mitraillages

Le pilote du « Kentucky Kernel IV », le *Major* DeLynn E. Anderson (*79th Fighter Squadron, 20th Fighter Group*). Le pilote, crédité d'une 1,5 victoire, est photographié avec son équipe de mécaniciens devant son P-38 J. *(NARA.)*

« Little Buckaroo » est le P-38J-25-LO Lightning du *Major* Robert C. « Buck » Rogers, *Squadron Commanding Officer* du *392nd Fighter Squadron, 367th Fighter Group*, de la *9th Air Force*. Le *Group* est stationné en France au moment où est déclenché l'opération *Bodenplatte*. *(NARA.)*

au sol s'ajoutent à ce pauvre palmarès dont la destruction de deux trains. Pour ces résultats, l'unité avait été décimée.

Pour finir, les *I.* et *III. Gruppen* s'envolèrent de Darmstadt à 8h20. Comme toujours venaient en tête les Ju-88 puis les seulement neuf Me-109 du *III.Gruppe* qui se réunirent bien vite aux 26 autres du *I.Gruppe*. Là encore, les Ardennes se révélèrent infranchissables pour les deux unités. Un Ju-88 fut abattu aisnsi que d'autres appareils, le *III.Gruppe* fit demi-tour.

Personne n'atteint sa cible

Au final, il apparaît qu'aucune des unités n'atteignit sa cible et que seuls quelques appareils en ordre dispersé tentèrent malgré tout de poursuivre la mission, notamment à la *I./JG4*, et firent quelques attaques au sol mais assurément pas au-dessus de la cible prévue. Cette unité comptait trois appareils détruits ainsi qu'un autre endommagé pour des dégâts infligés à l'ennemi qui se comptaient sur les doigts d'une main. Pour le *III.Gruppe*, son repli soudain valut à son commandant d'être relevé de son commandement. L'unité n'ayant pas attaqué, son action peut donc être considérée comme nulle dans tous les sens du terme.

L'attaque du *JG4* dans son ensemble se révéla donc un fiasco total : aucun avion n'atteignit la cible désignée, une douzaine d'avions seulement sur les 75 ayant pris l'air purent réaliser une attaque d'autres bases alliées et 26 avions furent abattus en contrepartie, plus deux Ju-88. (Plus six autres endommagés ainsi qu'un Ju-88).

Le *JG26* avec le *III.Gruppe* du *JG54* devait s'occuper de la zone de Bruxelles, avec pour cibles les aérodromes de Grimbergen *(III./JG54 & I./JG26)* et Evere *(II. & III. Gruppen/JG26)*. La force assaillante était tout simplement impressionnante pour la *Luftwaffe* de cette époque avec pas moins de 185 appareils ! 52 FW-190 au sein du *I./JG26*, 39 au *II./JG26*[2] et 45 Me-109 au troisième et dernier groupe. Le *III./JG54* regroupait quant à lui 49 FW-190 D9. À cela il convient d'ajouter 6 Ju-88 affectés par paire à chacun des trois groupes du *JG26*.

Les cibles quant à elles, présentaient deux profils bien distincts. En effet, la base de Grimbergen (B-66) avait été abandonnée quelques jours plus tôt par les quatre escadrilles de Spitfire

Le bon entretien des moteurs du P-38J est une condition *sine qua non* de la réussite des missions d'appui au sol menées par le rapide chasseur-bombardier américain. Cet appareil de la *9th Air Force* est probablement pris en photo, un jour de décembre, sur l'aérodrome de Le Culot. *(NARA.)*

2. Commandé par l'as aux 166 victoires, le *Major* Hackl.

Séance d'habillage pour le pilote de ce Mustang de la *8th Air Force* surnommé « Arkansas... ». La vélocité du Mustang oblige, pour certaines missions les pilotes à revêtir un pantalon anti-G qui nécessite l'aide d'un autre officier. *(NARA.)*

qu'elle hébergeait jusqu'ici. Ce mouvement n'avait pas été décelé par les Allemands et l'on ne trouvait plus sur la base que quelques appareils épars. La base avait d'ailleurs été gratifiée d'une grande croix blanche, signe international désignant un aérodrome fermé. La défense antiaérienne était néanmoins assurée par trois *Flights* des *2719th* et *2777th Squadrons*, équipés de Bren sur véhicules.

Une défense antiaérienne terrible

À l'opposé, Evere (B-56) était une cible importante regroupant quatre *Squadrons* de Spitfire canadiens du *127th Wing*. Deux de ces quatre unités ayant quitté la base pour différentes raisons, il restait encore sur place une quarantaine de Spitfire ainsi qu'une grande variété d'autres appareils, allant de quadrimoteurs en réparation à des appareils de transport pour certaines hautes personnalités en passant par ceux de différentes unités de liaison ou de transport.

De 8 h 13 à 8 h 32 les deux Ju-88[3] ainsi que les 64 FW-190 des *I.JG26* et *III./JG54* décollèrent vers Grimbergen. Ce nombre impressionnant dut bien vite être revu à la baisse car pas moins de 14 appareils durent rebrousser chemin soit sur ennui mécanique soit pour cause de dommages subis par la DCA ou...la *Flak* car, en effet, cette unité fut l'une des plus durement éprouvées par la défense antiaérienne, alliée ou allemande. Celle-ci frappa à de nombreuses reprises, notamment au-dessus des Pays-Bas et frappa fort : trois appareils abattus dont celui du chef de la *2./JG26*.

Un P-38, au retour d'une mission de « straffing », se pose sur un terrain en Belgique. Au moment de la bataille des Ardennes – même si le rayon d'action des Lightning demeure conséquent – il est impératif que les appareils ne soient pas trop éloignés de leur cible pour des raisons tactiques. *(NARA.)*

Deux autres avions furent ensuite touchés par la DCA alliée sans conséquence sur la vie de leur pilote. Puis vint le tour de la DCA à bord des navires qui mouillaient dans l'estuaire de l'Escaut ainsi que celle des batteries côtières ! Le FW du chef de la *3./JG26* dut faire demi-tour après avoir été touché. Son ailier fut abattu et fait prisonnier. Trois autres FW de la *12./JG54* furent perdus. Mais les difficultés s'accrurent encore pour la formation lorsque 12 Spitfire polonais les prirent en chasse. Le *III./JG54* était décidément fort malchanceux. En effet, étant la dernière des unités à passer au-dessus des positions de DCA, celles-ci avaient eu le temps de prendre leurs marques pour les accueillir avec un feu d'enfer comme nous venons de le voir. De même, les Polonais s'attachèrent à attaquer la dernière unité de la formation allemande, toujours le *III./JG54*, qui perdit à nouveau quatre appareils.

Un loupé de plus...

L'attaque allemande, réduite maintenant à 35 appareils, poursuivit sa route mais le *I./JG26* dépassa Grimbergen et ce n'est que lorsqu'ils virent les appareils du *JG54* fondre sur l'aérodrome qu'ils comprirent leur erreur et se joignirent...à la maigre curée sur un aérodrome désaffecté. Cela n'empêcha pas les défenseurs de réagir et de nouveaux FW-190 tombèrent, trois au *JG54* et deux au *JG26*. L'un des appareils tomba intact dans les mains des alliés suite à une panne mécanique et ce fut à cette occasion que ces derniers purent inspecter le premier FW-190 D9 rencontré dans cet état.

Le *First Lieutnant* Chamberlain, pilote de ce P-51 D Mustang, le « Chilly Oakie », pose devant son appareil. À l'arrière-plan, un P-38 J peint *Olive Drab* et *Neutral Grey*. L'appareil appartient au *353th Fighter Squadron* du *354th Fighter Group, 9th Air Force*. Le *Group* sera très actif après *Bodenplatte* et participe au bombardement des ponts sur le Rhin. *(NARA.)*

Sept autres appareils furent perdus lors du vol retour. ce n'était plus une unité de chasse mais une véritable peau de chagrin.

Et pour quel bilan toutes ces pertes ?

Les quinze minutes qu'avait duré l'attaque avaient permis aux Allemands de ravager le peu qui se trouvait sur le terrain de Grimbergen : six avions y avaient été détruits... face à 21 FW-190 perdus (et dix autres endommagés à des degrés divers) et 17 pilotes tués ou désormais prisonniers.

3. Il est intéressant de noter ici le commentaire de l'un des membres d'équipage d'un des Ju-88 qui avait été effaré de l'inexpérience des pilotes lors d'un vol d'entraînement quelques jours plus tôt pour rejoindre leur base en compagnie des chasseurs. Le décollage de ces derniers s'opérant dans la plus grande pagaille, l'un d'entre eux coupant la route au Ju en train de décoller et deux entrant en collision dans les airs.

P-51 D Mustang « Dopey Okie », du *Lt.* Karl Dittmer, du *487th Fighter Squadron, 352nd Fighter Group 67th Wing, 8th Air Force*. L'unité, surnommée *The Blue Nosed Bastards of Bodney*, ne participe pas à la poursuite des chasseurs allemands après *Bodenplatte*, mais continue à assurer ses mission d'escorte des bombardiers lourds américains sur l'Allemagne. *(NARA.)*

16. Evere

Bombardement de l'aérodrome d'Evere, près de Bruxelles. Cette photo date de plusieurs mois avant l'opération *Bodenplatte* quand les Américains bombardaient les unités allemandes qui occupaient alors la base aérienne. *(NARA.)*

Les *II.* et *III. JG26* s'envolèrent pour cette même cible respectivement à partir de 8h07 et 8h20, la première unité comptant une cinquantaine de FW-190 et la seconde 29 Me-109. Les pilotes du *III./JG26* semblent avoir bénéficié d'une préparation particulièrement minutieuse avec une reproduction de leur cible où étaient précisés les hangars, les positions de DCA… Et avec des entraînements hebdomadaires sur cette maquette.

Là encore la *Flak* fit parler la poudre contre le *II./JG26* au-dessus des Pays-Bas, tout d'abord aux abords du Zuidersee avec pour conséquence la perte de deux chasseurs selon des témoins, perte non vérifiée par les documents officiels. En revanche, toujours au-dessus de ce pays mais un peu plus loin sur la route du groupe, la *Flak* allemande ouvrit à nouveau le feu, abattant un appareil et en forçant un autre à quitter la formation.

Puis vint le franchissement de la ligne de front et l'inévitable confrontation avec la DCA alliée. qui descendit trois appareils.

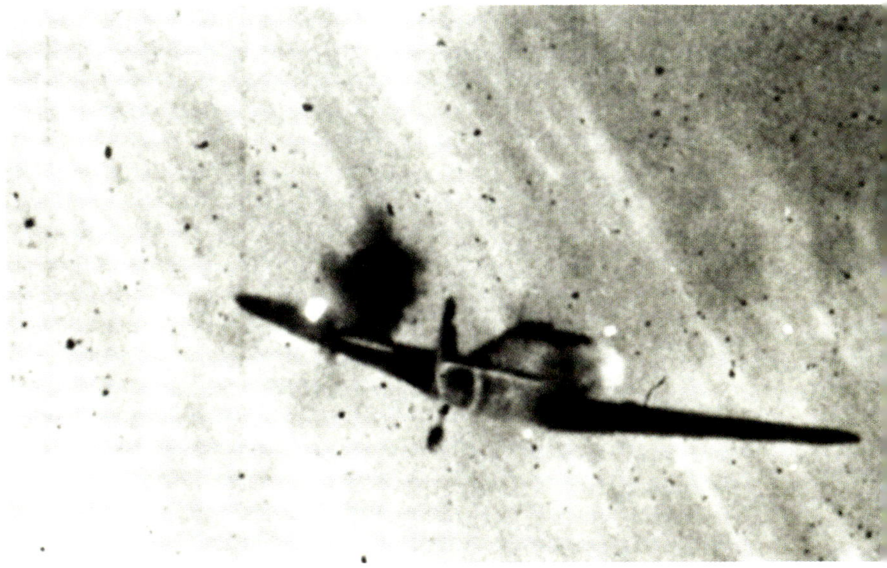

Un Focke Wulf FW-190 – est abattu par le *Second Lieutnant* Russel Kline du *335th FS, 354th FG.* Sur l'aile gauche, on distingue bien les impacts des mitrailleuses du P-47. Si cette photo est antérieure à l'opération *Bodenplatte* – elle a été prise par les cinémitrailleuses du pilote américain, le 16 décembre – elle n'en est pas moins révélatrice de la réalité des combats aériens au-dessus de la Belgique. *(NARA.)*

Pertes faibles sur cible...

Le *III.Gruppe,* quant à lui ,suivit une route similaire vers son objectif. La DCA endommagea l'appareil du commandant de l'unité qui dut faire demi-tour et pas moins de quatre autres pilotes furent abattus en se rendant vers leur cible. Entre les pertes, les abandons et la confusion du décollage de l'unité, la force de frappe était maintenant réduite à une quinzaine d'appareils.

Evere n'avait pas attendu de son côté l'arrivée des Allemands pour déclencher ses propres missions et deux Spitfire et deux Austers avaient déjà pris l'air tandis que deux autres *Spits* se préparaient à décoller et que douze autres devaient se tenir prêts à en faire de même lorsque l'attaque se déclencha et les cueillit dans cette position pour le moins délicate.

Les *II.* et *III./JG26* fondirent sur la base en même temps. Il était 9 h 26. Un seul des Spitfire put décoller et parvint à abattre un Me-109 avant d'être lui-même pris en chasse par deux appareils de ce type et abattu. Le pilote, le *F/Lt* Harling, fut tué.

La réaction de la DCA semble avoir été modérée. Un témoignage allemand fait par ailleurs le constat selon lequel les chasseurs ayant dû la réduire au silence avaient correctement accompli leur mission. Dans tous les cas, les pertes qu'elle provoqua furent très faibles en comparaison avec ce que nous avons pu voir au-dessus des autres terrains : un avion abattu et un autre endommagé mais qui put rejoindre les lignes allemandes en y faisant tout de même un atterrissage forcé.

À 9 h 53, tout était fini et les assaillants laissaient derrière eux un sillage de désolation : Le *127th (RCAF) Wing* déplorait, en plus de la perte du Spitfire abattu, pas moins de onze autres détruits au sol et douze inscrits en dommages de catégorie B (réparables mais pas par les seuls moyens à disposition de l'unité).

L'escadrille de liaison de la *2nd TAF* dut quant à elle compter huit avions détruits, huit autres en catégorie B et enfin six en catégorie Ac, qui est une légère nuance par rapport à la catégorie précédente mais qui stipule que les avions ne peuvent pas non plus être réparés par l'unité. D'autres appareils d'autres unités devaient encore s'ajouter au nombre pour avoisiner les 60 appareils détruits ou endommagés sur la base[1].

Sur leur route de retour, les deux unités eurent à subir la litanie des avions abattus par la DCA ou la *Flak*, et lorsque le *II./JG26* finalement se posa entre 10 h 25 et 10 h 50, cinq appareils avaient

Insigne du *JG26 « Schlageter ».* (dessin André Jouineau.)

1. Il est intéressant de noter que le flou sur les pertes alliées après *Bodenplatte* ne tient pas que de la légende, ainsi certaines sources parlent quant à elles de pas moins de 120 avions (dont 60 chasseurs et 32 bombardiers lourds)...

Ces trois photos ont été prises sur des aérodromes de la *RAF* après Le passage des *JG26*, *54* et *27*.
Sur la photographie du haut, un Boston III du *88 Squadron*, sur la vase d'Evere, achève de se consumer.
On reconnaît des B-25 Mitchell de la *RAF* (*226* ou *320 Squadrons*) stationnés à Bruxelles-Moelsbroek, photo du centre.
Le Avro Lancaster en flammes de la photographie du bas est pris sur l'aérodrome d'Ursel après le raid du *JG1*. *(Collection particulière, droits réservés.)*

Un hangar détruit sur l'aérodrome de Bruxelles-Evere. Les Spitfire qui étaient stationnés à côté ont dû souffrir. *(IWM.)*

encore été perdus. Au *III./JG26*, un pilote fut tué et un autre blessé lors de ce vol retour.

Pour ce bilan honorable, les unités, même si elles n'avaient pas été étrillées comme d'autres, avaient tout de même lourdement souffert : 13 FW-190 D9 détruits et 2 endommagés, 9 pilotes perdus et un blessé au *II.Gruppe*. 6 Me-109 détruits et 4 pilotes perdus pour le dernier groupe.

Anvers aussi

Dans le cadre de *Bodenplatte*, le *JG77* allait également être engagé sur Anvers. L'unité avait auparavant volé quelques missions au-dessus des Ardennes en support des troupes au sol. À titre d'illustration de ce qui a été exposé en première partie, l'unité avait notamment tenté d'apporter un soutien massif au moyen de son *I.Gruppe* le 24 décembre. Les 24 Me-109 s'étaient envolés vers les lignes des armées blindées engagées au sol. Ils avaient été interceptés par des Lightning et des P-47. le bilan avait été dramatique puisque 16 Me-109 avaient été abattus et deux autres endommagés.

Au moment de *Bodenplatte*, l'unité venait de perdre son commandant, le *Major* Johannes Wiese, abattu et sévèrement blessé au-dessus des Ardennes et son unité avait perdu près de 50 % de ses effectifs avec 86 appareils détruits ou endommagés. Face à cette hécatombe, seuls quinze appareils avaient été revendiqués par les chasseurs allemands.

Les 60 Messerschmitt G14 ou K4 allaient donc s'élancer vers Anvers sous les ordres du *Major* Freytag, croix de Chevalier de la croix de fer au cou et plus de 100 victoires reconnues. Leur schéma d'attaque devait être par paire de chasseurs ou séparément, et en faisant quatre passes au-dessus de leur base.

Leur cible ? La base d'Anvers, (B-70), et les Typhoon des *Squadrons 193*, *197*, *257*, *263* et *266* du *146th Wing* ainsi que les Spitfire des Français des escadrilles 74, 329, 341 et 345 du *145th Wing* Français Libres. Les conditions étaient rêvées pour qu'ils soient servis comme sur un plateau à leurs assaillants car non seulement les appareils étaient parqués tous ensemble vu le caractère boueux du reste de l'aérodrome mais, en plus, ils n'avaient pas pu décoller en raison de la glace matinale qui recouvrait les pistes (il avait fait près de -20° durant la nuit).

Les choses n'allèrent pourtant pas au mieux pour la prestigieuse unité de chasse. Le décollage des différents *Gruppen* eut lieu, après celui des Ju-88, vers 8h00. Par la suite, les trois groupes s'unirent en une seule et même force d'attaque et s'envolèrent vers leur cible.

Un bilan bien amer

La *Flak* ouvrit le feu mais les trois appareils (deux Me-109 et un Ju-88) qui durent quitter la formation le firent en raison de problèmes mécaniques et non suite à ces tirs. La *Flak* céda bientôt le terrain à la DCA alliée lors du passage de la ligne de front. Là encore, il semble que l'unité, de façon assez exceptionnelle pour le signaler, n'eut pas de perte à déclarer.

En revanche, entre six et huit appareils semblent s'être trompés de cibles et avoir attaqué les Spitfire des escadrilles norvégiennes n° 331 et 332 sur leur base de Woensdrecht (B-79). Mais aucune perte n'est restée inscrite dans les comptes rendus officiels de chaque camp. Il semble que le *II.Gruppe* s'égara bel et bien au

Une autre vue de l'aérodrome de Bruxelles-Evere sous les bombes américaines, toujours larguées à haute altitude. Les Allemands ont pu attaquer de bien plus bas. *(NARA.)*

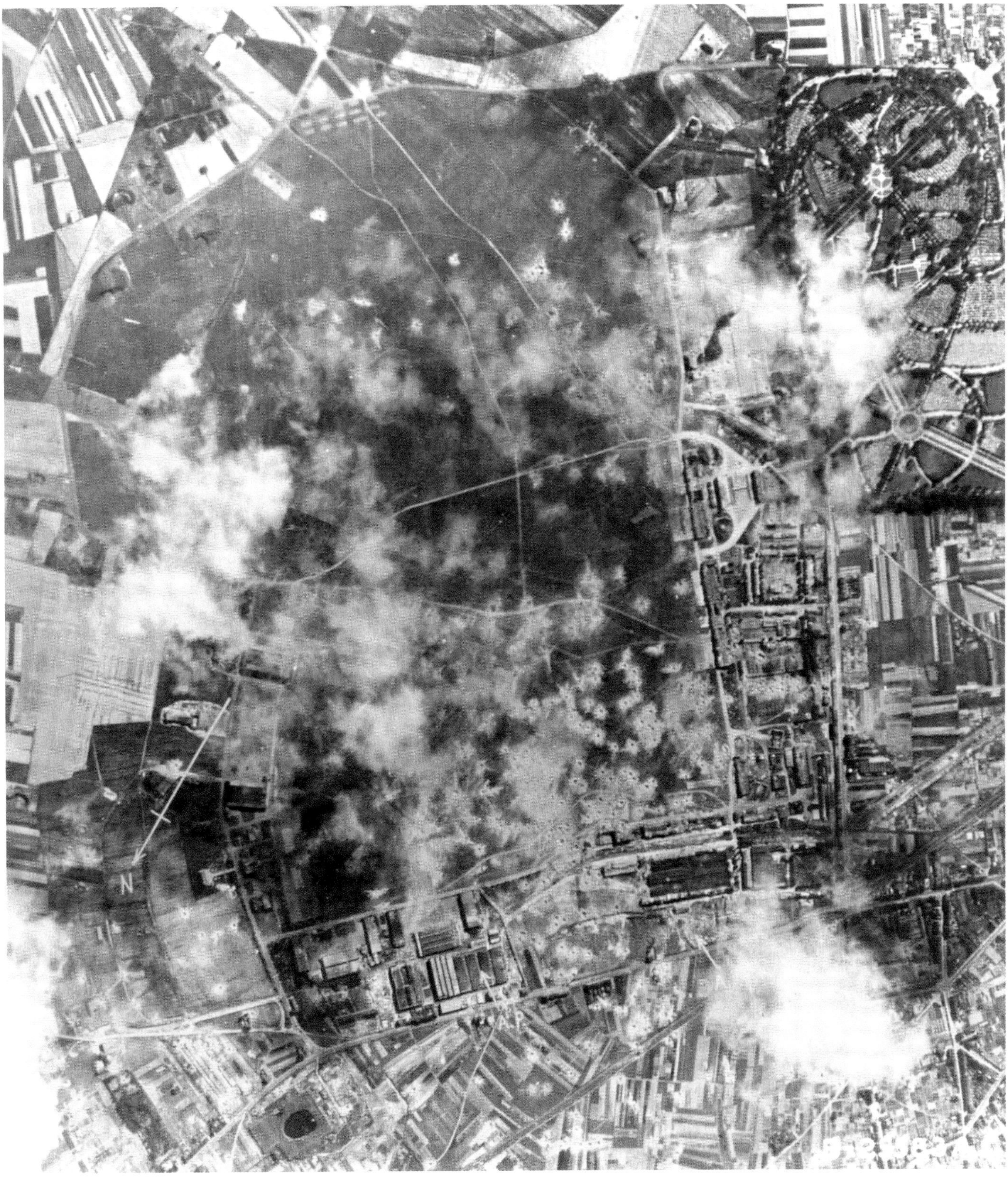

Cette fois, c'est un Me-109 qui est abattu par un chasseur américain – ou britannique – dans le ciel de Belgique. *(NARA.)*

niveau d'Anvers et que son action se résuma à bien peu.

Seule une partie des *I.* et *III. Gruppen* pressa donc son attaque sur le bon aérodrome durant un quart d'heure, de 9 h 25 à 9 h 40 mais de manière plutôt désordonnée et n'y détruisit ou n'y endommagea que très peu d'appareils compte tenu du nombre important de cibles se trouvant sur cette base.

Quatorze avions seulement furent détruits et neuf autre endommagés. Bien maigre bilan. En compensation, un seul appareil fut abattu par la DCA de l'aérodrome et son pilote fut fait prisonnier. Mais huit autres appareils, durant leur errance au-dessus d'autres cibles d'opportunité, (auxquels il convient d'ajouter un Ju-88) furent détruits lors de l'opération, par la DCA ou les chasseurs alliés).

Les onze pilotes perdus pour un tel résultat rendaient le bilan bien amer pour l'unité. D'autant que deux Ju avaient également été abattus.

Au *JG27*, sous le commandement du *Major* Franzisket, chevalier de la Croix de Fer et 40 victoires au tableau de chasse, il ne restait plus qu'une trentaine de Messerschmitt G10, G14 et K4 aux *I.* et *II. Gruppen*. Les deux autres *Gruppen* suivaient pour donner plus de poids aux assaillants (32 Me-109 des mêmes types), aidés en cela par le *IV./JG54* (15 FW-190 A8 ou A9).

On l'a vu, l'unité avait été de celles qui furent saignées durant la bataille aérienne au-dessus des Ardennes, perdant 100 appareils et 43 pilotes pour seulement 58 appareils alliés abattus. La *IV./JG4* n'avait pas été mieux lotie avec 23 pilotes perdus dont deux chefs d'escadrille.

Bruxelles-Melsbroek, un Typhoon Mk Ib du *137 Squadron* est photographié devant des hangars curieusement camouflés en immeubles civils... Curieusement, ils ont été épargnés par les bombes allemandes. *(IWM.)*

Cette fois, c'est sur l'aérodrome d'Anvers qu'est photographié ce Hawker Typhoon, du *193 Squadron*. À l'avant-plan, les armuriers de la *RAF* manipulent des bombes de 1 000 livres. *(Collection particulière, droits réservés.)*

Insigne de la *I./JG1*. *(dessin André Jouineau.)*

Insigne de la *II./JG27*. *(dessin André Jouineau.)*

Au final, 85 appareils environ composaient cette nouvelle phalange aérienne, cible : B-58, aérodrome de Melsbroek à proximité de Bruxelles. S'y trouvaient les différents types d'appareils du *271st Squadron* de transport, le *139th Bomb Wing* (98, 180 et 320e escadrilles néerlandaises sur B-25) et les Spitfire du *16th Squadron*, les Wellington du *69th Squadron* et les Mosquito du *140th Squadron*, unités composant le *39th Recce Wing*.

Se trouvaient également, au centre de l'aérodrome, des épaves de B-17. Pour compléter le tout, trois *Squadrons* de la *RAF* composaient la défense antiaérienne de la base alliée avec leurs mitrailleuses Bren.

Dans cette unité également, le briefing eut lieu le matin de l'attaque, vers les 7 h 00 et force photographies aériennes et cartes au 1/1 500 000 furent distribuées. Là encore quatre passes de mitraillage étaient recommandées, par groupes de quatre appareils.

Les appareils décollèrent à partir de 8 h 25 pour les *I.* et *II. Gruppen* et 8 h 15 pour les *III.* et *IV. JG27*. À la même heure s'envolaient les FW-190

Au moment où les pilotes anglais tentaient de décoller pour éviter les bombes allemandes et abattre leurs attaquants, les multiples carcasses d'avions en feu, les trous dans le tarmac, provoquent de nombreux accidents. Ainsi, ce Typhoon du *193 Squadron* voit l'arrière de son fuselage haché menu par l'hélice de l'avion qui le suit... *(Collection particulière, droits réservés.)*

Ci-dessus : ces deux photographies présentent Robert Charles Medforth de la *Royal Canadian Air Force*, mort le 1er janvier 1945 de ses blessures sur l'aérodrome de Bruxelles-Evere. Sur la photographie de droite, il pose avec ses mécanos devant son Spit Mk XIV. *(Collection particulière, droits réservés.)*

du *IV./JG54*. À 9 h 00, à la hauteur d'Utrecht, les Ju-88 abandonnaient la formation comme convenu. Peu de temps après un premier avion était abattu par un Spitfire ayant précédemment décollé de Gilze. Un Ju-88 fut également abattu par un Mustang.

Deux autres Me-109 devaient encore être perdus dans cette zone.

Des armuriers et des mécaniciens américains de la *9th Air Force* contrôlent bombes de 500 livres et bidons additionnels généralement attribués aux P-51 D Mustang des deux *United States Army Air Forces* présentes dans le ciel de Belgique. *(NARA.)*

Les Mitchell n'étaient plus là

Malheureusement pour les Allemands, un grand nombre des B-25 Mitchell du *139th Wing* avait déjà décollé pour un raid sur Dasburg. Les *I.* et *II.Gruppen* se lancèrent néanmoins à l'attaque, suivis bientôt par les trois dernières unités, peu gênés par les trop faibles unités de DCA.

Les B-25 Mitchell qui n'avaient pas participé au raid vers Dasburg furent la proie des assaillants : 11 d'entre eux furent détruits. À 9 h 50, tout était fini et le voyage retour fut engagé par les cinq unités qui perdirent un nombre important d'appareils sous les coups des chasseurs ennemis et de la DCA.

La prestation des chasseurs au-dessus de l'aérodrome avait en revanche causé de nombreux ravages sur la base : deux escadrilles du *39th Recce Squadron* avaient quasiment été rayées des effectifs quant à leurs machines : 11 Wellington détruits et deux endommagés, tous les Mosquito du *140th Squadron* furent sans doute détruits. À cela, il convenait d'ajouter cinq Spitfire détruits et trois autres endommagés au *16th Squadron.* Sept Harrow du *271st Squadron* étaient détruits, cinq Mitchell détruits et neuf autres endommagés. Il fallait encore ajouter à cette liste quinze autres appareils de divers modèles.

Pour finir, 15 à 20 quadrimoteurs de la *8th USAAF* avaient été réduits en pièce.

Une arrivée tardive

Le *JG27* avait perdu onze pilotes et dix-sept Me-109. Trois FW-190 et leurs pilotes avaient été perdus par le *IV./JG54*, pertes sensibles mais prix non exorbitant compte tenu des pertes causées par ces unités à l'aérodrome attaqué. On peut noter là encore que l'arrivée "tardive" sur cible des assaillants avait permis d'éviter un carnage, la plupart des B-25 ayant déjà décollé.

Sans cela, le bilan aurait pu être bien plus lourd en appareils, et en hommes d'équipage si les appareils avaient été cueillis en phase de décollage.

Dans un bâtiment très abîmé après l'attaque de la *Luftwaffe* des personnels au sol et des pilotes de l'*Air Force* viennent se réchauffer autour d'un poêle encore en état de dispenser un peu de chaleur. *(NARA.)*

Sur ces deux photographies, des fantassins américains viennent observer – et peut-être récupérer quelques morceaux de chasseurs en guise de souvenir – ces carcasses de Me-109 G qui se sont littéralement « vautrés » sur le sol enneigé des Ardennes Belges. *(NARA.)*

Le *Gefreiter* Alfred Michel est victime d'un ennui moteur lors de son premier vol de guerre en ce matin du 1er janvier 1945. Il est obligé de poser sur le ventre son Me-109 G (2 bleu) avant de se faire capturer par des fantassins d'un bataillon de la *90th Infantry Division* américaine. Le jeune pilote appartient au *I./JG53. (NARA.)*

17. Sur l'aérodrome de Metz

Un des 27 P-47 Thunderbolt américains détruits sur l'aérodrome de Metz-Frescaty le 1er janvier 1945. *(NARA.)*

Pour finir, une cible, et pas n'importe laquelle, se trouvait en France : l'aérodrome de Metz-Frescaty (Y-34) où la *9th USAAF* venait de transférer le 27 décembre les Typhoon du *365th FG*. Les Allemands ne possédaient pas d'équivalent à Ultra mais leurs services d'écoute étaient assez performants pour percer les très pauvres mesures de sécurité qui entouraient certaines des transmissions américaines et avaient ainsi pu suivre les mouvements du *Fighter Group* qui devenait ainsi une menace majeure à éliminer pour l'offensive terrestre *Nordwind* qui venait juste de commencer. L'aérodrome de Metz-Frescaty, quant à lui, se trouvait entouré de collines sur lesquelles les batteries antiaériennes A et C du *386th AAA Bn* avaient pris position.

Personne n'atteint sa cible

À Étain (A-82) se trouvaient pour leur part les *362nd FG* et *425th NFS*. Ils devaient être la cible de la *III./JG53*.

Là encore, la préparation avait été soignée, avec des cibles affectées à chaque escadrille pour

éviter de concentrer tous les tirs de l'unité sur la même cible d'une part et pour en affecter certaines à la destruction des armes antiaériennes.

Les 80 Messerschmitt G14 et K4 des *II.*, *III.* et *IV. Gruppen JG53* s'envolèrent à 8 heures, suivant leurs Ju-88 en direction de Metz et d'Étain, via Kaiserslautern.

À Metz, 25 appareils *(387th* et *388th Fighter Squadrons*) avaient déjà décollé pendant ce temps pour des opérations de reconnaissance armée.

Cette très belle photographie couleurs, probablement prise en Angleterre ou en Belgique avant la contre-offensive allemande dans les Ardennes, nous permet d'admirer la splendide trace laissée par l'impressionnante hélice du chasseur allié monomoteur à pistons le plus rapide du théâtre d'opérations européen. *(NARA.)*

Le *III./JG53* avait fait bonne route lorsque, vers 9h10, des P-47 en maraude s'abattirent sur lui. Sans communication radio pour prévenir les autres Me-109, les P-47 eurent beau jeu de désorganiser totalement la formation. Il s'agissait de 12 Thunderbolt du *367th FS*.

Par la suite, alors que les restes de l'unité rentraient à la base ou que certains tentaient de poursuivre la mission de manière plus que désordonnée, ils furent aperçus et engagés par des appareils du *366th FS* qui avaient décollé dès 8h22 pour assurer eux aussi une reconnaissance armée. Enfin, l'escadrille 365 s'en prit à l'unité. En tout, 11 Me-109 et un Ju-88 avaient été détruits et un autre Ju endommagé dans le cadre de ces affrontements successifs.

Le poids de la DCA... Toujours...

Étain ne se rendit jamais compte que la base avait été une cible désignée pour l'opération *Bodenplatte* grâce à l'intervention de l'ensemble des escadrilles du *358th Fighter Group*.

Pour le reste du *JG53*, l'objectif de Metz devait se laisser entrevoir après un périple allant de 210 (décollage à 8h35) à 250 (décollage à 8h10) km des aérodromes de départ. Comme d'habitude, les Ju-88 ouvraient le bal, bientôt suivis d'une petite cinquantaine de Me-109.

C'est sur ces vues de l'aérodrome de Metz-Frescaty que l'on prend conscience de l'efficacité du « straffing » et du bombardement allemand sur des chasseurs, au sol, bien trop proches les uns des autres et cela même si le terrain d'aviation est très étendu. *(NARA.)*

Lors du franchissement de la ligne de front à la hauteur de Saarbrücken, là aussi, le poids de la DCA se fit sentir et les premières pertes durent être décomptées. Pas moins de six appareils dont un Junkers furent descendus.

À Metz, douze appareils du *387th FS* avaient déjà décollé à 8 h 28, bientôt suivis à 9 h 13 par treize appareils du *388th*. À 9 h 15, heure de l'attaque allemande sur Metz, le *386th FS* s'apprêtait à décoller et fut cueilli en totale surprise dans cette position par les assaillants ; d'abord le *IV./JG53* puis le *II*.

Alors que la DCA située sur les collines tentait de rendre coup pour coup, les chasseurs allemands enchaînaient passe après passe au-dessus de la base pendant les huit minutes que dura le raid.

L'*Oberstleutnant* Benneman, qui commandait l'unité, était touché et blessé par les tirs antiaériens, mais put poursuivre la mission mais tous n'eurent pas cette "chance".

Là où les Allemands eurent plus de chance c'est lors du rappel des appareils ayant déjà quitté la base pour leurs propres missions.

Les P-47 eurent beau larguer leurs bombes et faire demi-tour dès réception du message selon lequel leur base était attaquée, ils arrivèrent trop tard et ne purent faire payer leur agression aux "bandits".

Une lourde addition...

Et l'addition était pourtant lourde : 22 appareils totalement détruits au sol, trois réparables sur place, 8 réparables dans des ateliers dotés de plus de moyens. Le *386th FS* avait évidemment payé le prix fort avec 12 appareils détruits et sept endommagés. Mais les Alliés n'avaient au final pas eu besoin des chasseurs des deux escadrilles pour faire payer un prix outrancier aux Allemands. Qu'on en juge : 20 Me-109 avaient été perdus et sept autres endommagés durant le raid, treize pilotes étaient manquants, dont seulement quatre devaient finir prisonniers de guerre.

Les pertes cumulées en appareils excédaient donc les 50 % de l'effectif engagé et le bilan qui se carbonisait sur les pistes de Metz n'était pas assez important pour justifier un tel taux de pertes, même si l'on y ajoute les quatre victoires aériennes revendiquées par l'unité.

Ci-dessous : des mécaniciens américains, avec leurs pelles, déblaient le tarmac devant un B-26 Marauder de la *9th Air Force*. Aucune unité de B-26 n'a été touchée par les raids allemands du 1er janvier. *(NARA.)*

18. KG51 : des Jets dans la tourmente

Le meilleur moyen pour « envoyer au tapis » un Me-262 est de le surprendre au moment où il termine son atterrissage, comme ici sur cette photo visiblement prise à la cinémitrailleuse. *(NARA.)*

Alors que l'on aurait pu penser que ces appareils entraînés au bombardement, eux, auraient pleinement donné dans cette mission d'attaque des aérodromes alliés, leur mission fut en fait tout autre : ils devaient tout d'abord couvrir la retraite des chasseurs allemands face à leurs homologues alliés.

D'autre part, à l'aide de leurs caméras embarquées, il leur incombait de prendre en photo les aérodromes attaqués afin de pouvoir dresser un bilan précis des résultats de l'offensive.

Le Me-262, un multitâches

L'heure de décollage avait été choisie à cet effet pour se caler avec celle du retour des chasseurs à moteur à pistons. Chaque Me-262 devait prendre des photos de deux bases alliées, l'une étant désignée comme objectif principal de la mission. Ils emportaient tout de même des bombes qui devaient être lancées sur les positions anti aériennes.

Toutes les données ne sont pas forcément précises mais il semble que le *I./KG51* ait accompli

Les résultats du bombardement ne purent pas être observés même si les bombes avaient été vues atteignant l'aérodrome. Ils s'en furent comme ils étaient venus sans être touchés par la DCA. Il s'avère que le bombardement fit assez peu de dégâts : un Typhoon détruit et d'autres appareils de différents types furent endommagés. Dix blessés furent enregistrés.

Pour leur vol retour, les Arado devaient voler au-dessus d'Anvers et Bruxelles pour participer eux aussi à l'évaluation des dégâts. Les six revinrent indemnes à leur base. À lire les pages précédentes, on comprendra aisément l'impunité dont la vitesse de ses appareils leur permettait de jouir.

Au *KG51*, les pilotes furent réveillés eux aussi à 6 heures et ils reçurent une heure avant le décollage le briefing de la mission avec force détails, carte et autres positions de DCA. Les Me-262 devaient voler individuellement ou par

Ci-dessous : le P-51 Mustang est sans doute avec le Tempest Mk V, un des rares appareils à pouvoir essayer de rivaliser en combat tournoyant avec les Me-262. Le chasseur, surpris ici en pleine ressource, se nomme « Dear Arabella » et est la monture personnelle du *1st Lieutnant Richard Locke* du *361st Fighter Group, 8th Air Force. (NARA.)*

cette mission alors que des appareils du *II./KG51* (trois ?) ont en fait participé à l'attaque. La *Einsatzstaffel III./KG76*, subordonnée au *KG51* devait-elle bombarder les cibles à une altitude de 1 000 mètres ? Sa cible était Gilze-Rijen. 10 Ar 234 devaient ainsi prendre part à cette mission de bombardement mais quatre pilotes ne purent décoller sur raisons techniques. Les six appareils restant décollèrent à partir de 9h13 et attaquèrent leur cible entre 9h32 et 9h52. Leur charge explosive était constituée d'une AB 500 renfermant 24 bombes SD15.

En pied de page : les derniers instants d'un Schwalbe, saisis par la cinémitrailleuse d'un chasseur de la *8th Air Force*. Aucun Me-262 ne fut abattu Pendant l'opération *Bodenplatte*. *(US National Archives.)*

Un Me-262 du *KG 51* sur un terrain de fortune, au printemps 1945. Le petit tracteur de piste permet d'amener le chasseur à réaction au plus près de la piste de décollage. *(Collection particulière, droits réservés.)*

Ci-dessous : ce Me-262A-2a du *1./KG51* présente le camouflage caractéristique des *Sturmvogeln*. Le sommet de la dérive et la pointe avant sont blancs, couleur de la *1. Staffel*. *(NARA.)*

Messerschmitt Me-262A-2a de la *5./KG (J) 51* « Edelweiss », Swäbisch-Hall, décembre 1944. Le rouge, couleur distinctive de la *5. Staffel, est* portée sur la pointe avant, le sommet de la dérive et les entrées d'air des réacteurs. *(profil André Jouineau.)*

Messerschmitt Me-262 A-1a du *1./KG (J) 51* « Edelweiss ». Cet appareil a sans doute été réaffecté au *JV44*. Le camouflage de ce Schwalbe (hirondelle) est particulièrement original. Les Américains ont retrouvé cet appareil, au printemps 1945, dans la forêt de Hofoldinger Forst, au bord de l'autoroute Munich-Salzbourg.

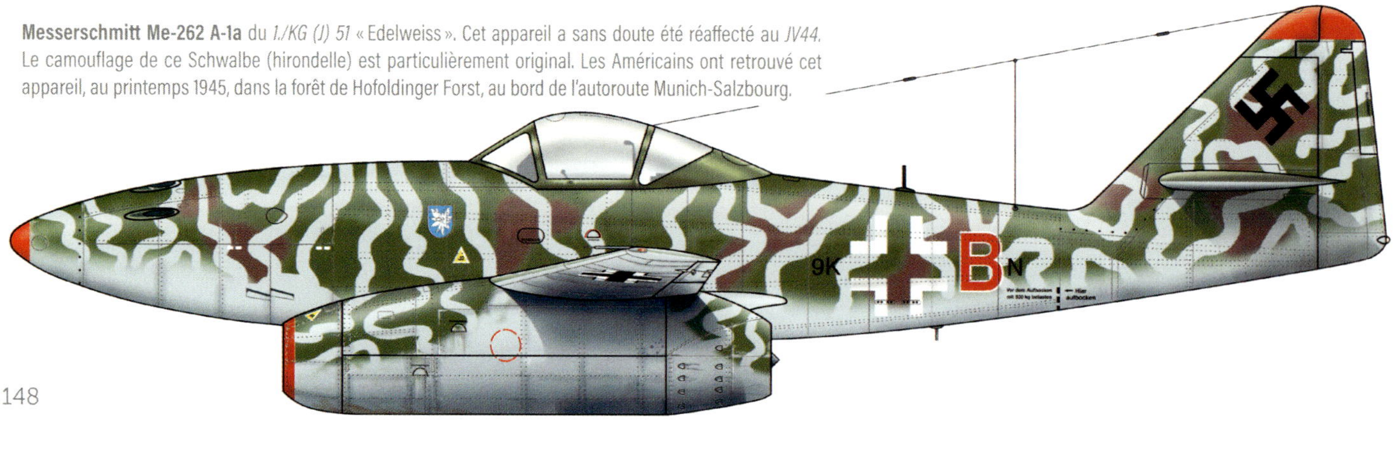

paire jusqu'à leur cible. Eindhoven et Gilze-Rijen devaient être attaqués et chaque pilote reçut ses instructions sur les aérodromes qu'il devait survoler pour prendre les clichés indispensables à l'évaluation de l'attaque des autres unités, 21 Me-262 devant s'envoler pour la mission. Deux durent renoncer pour causes techniques.

Ils participent à la curée

En chemin, les Me-262 rencontrèrent une quinzaine de chasseurs ennemis qui ne leur firent aucun mal et furent vite distancés. Des Me-262 furent repérés au-dessus d'un grand nombre de bases alliées ce qui n'est pas illogique compte tenu de leur mission : Gilze, Vokel, Ophoven, Helmond. Les Me-262 revinrent tous à leur base sans encombre.

Comme on l'a dit précédemment pour les Ar 234, les dommages à Gilze furent minimums. À Eindhoven, les Me-262 ont sans doute davantage participé à la curée mais sans que l'on puisse préciser quelle fut leur part dans les pertes occasionnées sur cette base.

Enfin, s'il semble que la mission de reconnaissance photographique fut d'une grande aide dans l'évaluation postérieure des dégâts ; il n'en fut pas de même de la couverture aérienne que ces appareils devaient offrir aux chasseurs à propulsion classique. Les pertes infligées par les chasseurs alliés plaidant clairement contre la réussite de cette mission.

Le *1st Lieutnant* Eugen Turner pose accroupi sur l'aile de son P-51 D Mustang baptisé du prénom de sa fiancée « Dotty », dont le portrait est bien visible sous la verrière. L'homme et sa machine appartiennent au *360th Fighter Squadron, 356 Fighter Group* de la *8th Air Force*. (NARA.)

Le 4 janvier 1945, trois jours après *Bodenplatte*, la vie reprend son cours et les pilotes de la *8th Air Force* peuvent rater leur atterrissage... comme ce P-51 D Mustang du *82nd Fighter Squadron*. (NARA.)

19. La surprise est toujours un succès, mais...

Bien après *Bodenplatte*, des hommes des services de renseignement américain et britannique viennent observer une carcasse de Ju-88 G1. L'appareil a été détruit lors d'une attaque américaine. *(NARA.)*

À l'heure de conclure on peut dire que, comme pour l'attaque au sol lancée le 16 décembre, *Bodenplatte* avait été couronnée de succès en termes de surprise de l'ennemi. En outre, elle avait réussi à lancer aux alentours de 1 000 sorties en ce 1er janvier 1945, malgré ses plaies à vif liées aux combats au-dessus des Ardennes dans lesquels elle était la veille encore engagée. Et sans même parler de l'attrition qui touchait cette arme depuis des mois maintenant.

Mais on peut aussi considérer qu'il s'agit bien là des seuls succès, ou presque, de l'opération. En effet, pour commencer, de nombreux groupes de chasse envoyés à l'assaut des différents aérodromes ne trouvèrent pas leur cible, deux autres attaquèrent un aérodrome non en service et d'autres enfin lancèrent des attaques à la portée très limitée ou quasi nulle.

Ensuite, la *Flak*, pas toujours informée, se rendit coupable de trop nombreux tirs fratricides, aussi bien à l'aller qu'au retour de la mission

Le commandant du *416th Bomb Group*, le colonel Aylesworth (deuxième à gauche) et son équipage, en 1945. *(NARA, US Air Force.)*

des chasseurs, même si, on l'a vu, il semble que ces chiffres aient été très largement surestimés jusqu'à un passé récent.

Il faut dire cependant, pour la défense des batteries qui n'avaient pas été prévenues, que la surprise dut être de taille pour leurs artilleurs de voir autant de chasseurs allemands dans les airs en même temps.

Inexpérimentés, mais courageux

Mais les causes de l'échec ne sont pas là, du moins les causes des lourdes pertes subies.

L'échec de l'opération tient d'abord au fait, comme nous l'avons vu au travers de ces lignes, que de nombreux avions alliés avaient déjà décollé – malgré sans doute quelques gueules de bois. En effet, l'heure de décollage fixée côté allemand était déjà trop tardive pour surprendre l'ensemble des appareils alliés au sol et des missions avaient déjà été lancées voire même étaient sur le point d'entamer leur route retour vers leurs aérodromes lorsque les chasseurs allemands y firent leur apparition.

Facteur aggravant, le fait que les Allemands privilégient la surprise et volent à très basse altitude en faisait des proies toutes désignées et faciles à détruire pour ces pilotes mieux entraînés et plus chevronnés dans leur ensemble. Une fois l'attaque des chasseurs alliés lancée, les pilotes allemands devaient à la fois essayer de maîtriser leur machine en situation de crise tout en ne perdant pas de vue leur mission. Bref, il fallait sauver sa peau avec le peu de moyens que leur avait donné leur entraînement trop peu poussé.

On put même voir des pilotes allemands totalement inexpérimentés continuer tout droit malgré les tirs qu'ils subissaient jusqu'à ce que leur avion finisse à terre.

Les résultats néfastes de ce manque de formation des pilotes ne s'arrêtaient pas là. En effet, une fois sur les aérodromes et comme Galland l'avait jadis fait remarquer, ces pilotes, pour le peu qu'ils avaient été formés, l'avaient été dans le but d'intercepter d'autres chasseurs et surtout d'abattre des bombardiers lourds. Ils n'avaient donc, dans leur immense majorité, aucune idée de ce à quoi pouvait ressembler, de près ou de loin, le mitraillage d'un aérodrome défendu par la DCA.

Notamment à la fin de chaque passe, de nombreux appareils se firent touchés ou descendre dans leur manœuvre de ressource. Le fait d'avoir également opté pour une tactique de plusieurs

1. Il est vrai que psychologiquement et presque politiquement, c'était la deuxième fois en quinze jours que les Allemands surprenaient totalement les Alliés et leur infligeaient un sérieux camouflet, tant au vu des pertes que de l'état de totale surprise dans lequel ils les cueillaient. Cela ne ressemblait pas vraiment à ce à quoi les Alliés étaient désormais habitués et pouvait poser question…

passes de mitraillage pour chaque appareil ne fit que répéter à chaque fois cette zone de vulnérabilité que la DCA alliée sut très largement mettre à son profit, une fois la surprise de la première passe évanouie.

La DCA alliée

La DCA alliée joua également un rôle majeur partout où elle était présente et préleva un très lourd tribut sur les assaillants (quasiment 50 % des pertes). En ce qui concerne ce point, il ne fut pas judicieux de faire traverser la ligne de front à certaines unités de la chasse allemande juste à la verticale des zones qui avaient été dans un passé plus ou moins récent, âprement disputées entre les différents belligérants et dont on pouvait supposer que les défenses antiaériennes seraient plus importantes qu'ailleurs et leurs artilleurs sans doute un peu plus à cran et réactifs.

D'autant plus que, pour certaines unités, l'itinéraire avait été conçu de telle sorte qu'elles allaient franchir cette zone de tous les dangers très tardivement, vers les 9 heures Dans le même ordre d'idée, on citera également la concentration de DCA pour lutter contre les V-1 qui fut mise à profit par les Alliés et qui se trouvait sur l'itinéraire de certaines des unités de la chasse allemande.

Cependant, les pertes matérielles subies par les Alliés n'étaient pas ridicules et le "brouillard de guerre" qui entoure d'ailleurs le nombre total d'avions détruits au sol illustre sans doute plus que tout le poids éloquent de ces pertes.[1] Mais c'est le prix à payer par les Allemands et le manque d'intérêt final de toute l'opération qui donne à *Bodenplatte* sa connotation doublement funeste pour la *Luftwaffe*.

Car, en effet, un élément qui renforce considérablement ce réel échec tient à la capacité qu'avaient les Alliés de remplacer rapidement les appareils perdus – sous une à deux semaines voire sous 24 heures dans le cas de la *9th USAAF* – et à maintenir un effort quasi inchangé de la part de leurs forces aériennes, et ce d'autant plus facilement que peu de pilotes furent perdus, la plupart des appareils ayant été détruits au sol et non en vol. Il s'agissait donc d'une attaque du faible au fort en ce sens où les pertes causées aux Alliés touchaient à leur point fort, la fabrication industrielle, ce qui limitait d'autant l'impact de toute l'opération.

Toujours quelques mois après *Bodenplatte*, au cœur du Reich, des officiers américains visitent une chaîne d'assemblage de Me-262 détruite. Installée près du front pour gagner du temps, cette unité de production était camouflée dans un grand hangar. *(NARA.)*

Cette fois c'est une chaîne d'assemblage de FW-190 D « Dora » que ces Américains inspectent. Cette unité était installée près d'un tunnel ferroviaire, propice au camouflage. En 1945, les usines allemandes, souvent démultipliées, étaient cachées dans les endroits parfois les plus saugrenus souvent les moins visibles. *(NARA.)*

Un prix à payer hors de proportions

Bien sûr, des auteurs mettent en avant qu'il aurait été impossible à la *Luftwaffe* de cette époque de détruire autant de chasseurs en combat aérien, ce qui est parfaitement exact. Mais à quoi pouvait servir la destruction de ces chasseurs, en épargnant à leur pilote un sort funeste, captivité ou pire ?

Priver les Alliés pendant quelques jours, une semaine d'une partie de leurs forces d'appui ?

Et, dans ce cas, le prix payé par les Allemands n'était-il pas tout simplement hors de proportion ?

Ce point est bien sûr fondamental. Alors que côté allemand les pilotes expérimentés étaient devenus rares, chacune des pertes encourues allaient se produire au-dessus d'un sol occupé par l'ennemi et, quand le pilote avait la chance de survivre à la destruction de son appareil, il était immanquablement fait prisonnier. Pour les pilotes alliés, la donne était tout autre.

Contrairement aux pilotes abattus au-dessus de l'Allemagne lors des raids de bombardement stratégique, la très grande majorité des pilotes encore au sol réussirent à trouver un abri et à échapper indemne aux conséquences des destructions opérées sur leur base respective.

Pour rappel, l'ensemble des pertes encourues sur les aérodromes, toutes fonctions confondues, n'avaient été "que" de 43 tués et 135 blessés.

Jusqu'à ce jour, le nombre d'appareils perdus par les Alliés, au sol et dans les airs n'a pas pu être absolument détaillé.

En tout, on estime qu'environ 300 avions alliés y furent détruits auxquels il convient d'ajouter entre 180 et 200 avions endommagés.

Pour la *Luftwaffe*, il en allait tout autrement et l'on peut parler de catastrophe. Le nombre d'appareils détruits et encore plus la raison de leur perte font là encore objet de débats. On estime généralement à 300 le nombre d'avions qui furent ainsi perdus (dont 85 abattus par la *Flak* !) et on atteint le chiffre terrible de 214 pilotes tués, prisonniers ou disparus auxquels il faut ajouter 21 blessés. La somme de ces nombres nous amène à la perte de 25 % des pilotes engagés durant cette opération offensive allemande !

Des destructions inutiles ?

Cependant, l'étude extrêmement détaillée[2] menée par John Manro et Ron Pütz que nous citons ci-après donne des variations sensibles qui se révèlent très intéressantes, sans remettre en cause le fond du sujet, à savoir la véritable saignée opérée et qualitativement et quantitativement sur la chasse allemande :

271 chasseurs Me-109 ou FW-190 détruits, 65 autres endommagés ainsi que neuf Ju-88 abattus et 4 endommagés.

Comme ces auteurs le soulignent, pour les chasseurs, les appareils détruits représentent à eux seuls 32 % de la force attaquante et le total passe même à 40 % si l'on ajoute les appareils endommagés au précédent total. Des pertes abyssales.

Mais là où leur étude détaillée diverge des faits habituellement rapportés quant aux raisons des

2. Il est à noter que leur étude minutieuse alliée à la recherche sur le terrain amènera à l'identification de nombreux pilotes dans les années quatre-vingt-dix et à la fin de leur statut de "Disparu" qui était le leur depuis le 1er janvier 1945.

3. Le *Wing Commodore* Johnson peut également être cité. Sur Evere, "Ce fut l'ample dotation en pièces détachées et le dur labeur des personnels au sol qui permit à l'aérodrome de reprendre du service seulement deux jours après l'attaque". Et l'on parle ici d'Evere, l'une des bases alliées les plus durement touchées par le raid.

pertes subies tient au nombre d'appareils abattus par la propre *Flak* allemande. En effet, ils arrivent à des totaux bien loin de l'hécatombe qui a souvent été annoncée et publiée et le sérieux de leur étude tend à nous faire croire que la vérité historique pourrait bien se situer de leur côté.

En effet, ils n'arrivent qu'à un total de 5 % des pertes liées aux tirs fratricides de la DCA allemande, soit 15 chasseurs et 2 Ju-88. Ces pertes sont à comparer aux autres causes : 5 % par accident, 5 % soit par chasseur allié soit par DCA, 1 % par panne d'essence, 11 % pour raison inconnue, 23 % par la chasse alliée et 47 % par la DCA alliée qui se montra redoutable par sa précision et par la mise à son profit de l'inexpérience des pilotes allemands dans les missions de mitraillage au sol et… dans tout le reste.

Il s'agit là bien sûr des pertes les plus terribles qu'ait eues à enregistrer la *Jagdwaffe* sur toute la durée de la Guerre en une seule journée. Les pertes allaient de 10 % au *JG77* jusqu'à 45 % au *JG4*. D'un point de vue qualitatif également le résultat était implacable puisque 3 commandants de *Geschwader*, 5 commandants de *Gruppe* et 14 de *Staffel* furent perdus. Expérience irremplaçable sans parler d'autres pilotes aguerris qui avaient succombé aux commandes de leur appareil. Là encore, les auteurs précités font état de 45 pilotes pouvant rentrer dans cette catégorie, à ajouter à ces officiers commandants d'unité. La perte de tels hommes représentait un coup fatal à la cohésion, à la structure de toute unité pour ne rien dire de l'impact moral…

Le pire jour de la chasse allemande

On peut parler du pire jour de la chasse allemande, utilisée à « contre-emploi » à une époque où la formation hâtive des pilotes ne le permettait plus du tout.

Ces pertes ajoutées à toutes les autres vicissitudes qui accablaient alors la *Luftwaffe* ne permirent plus aucun sursaut d'ampleur de la chasse allemande qui, de toute façon, était déjà laminée par les forces aériennes des alliés occidentaux depuis de longs mois.

Tout un symbole de l'inefficacité du raid, les P-47 basés à Metz, aérodrome comptant pourtant parmi les plus touchés, s'attaquaient à nouveau l'après-midi même du 1er janvier aux installations ferroviaires allemandes[3]…

Pour conclure à hauteur d'homme ce récit et donner une image significative de cet état de

Après *Bodenplatte* c'est l'heure de la revanche des Alliés et de la punition pour la *Luftwaffe* qui a, en fait, terriblement souffert pendant cette opération de la « dernière chance », perdant près de 200 pilotes et encore plus d'appareils.
Ici un A-26 Invader de la *9th Air Force*, nouveau venu sur le front européen bombarde le sol du Reich. *(NARA.)*

fait, on peut enfin relater l'histoire suivante. Au-dessus de la base de Metz Frescaty avait été abattu un pilote allemand, vite amené au QG de la base.

Là, sûr de lui et avec une certaine morgue, il se tourna vers la fenêtre en désignant les nombreuses carcasses en flammes et, s'adressant à un *Major* américain lui déclara dans un parfait anglais *« Que pensez-vous de çà ? »*. Ce qui lui valut un coup de poing en pleine figure comme premier élément de réponse. Le second élément de réponse mit quelques jours à arriver.

En effet, les avions de remplacement étaient arrivés de Paris et, le *Major* revenant visiter le prisonnier toujours au Quartier Général de la base, ce fut à son tour de pointer vers la fenêtre en montrant la dizaine d'appareils flambant neufs déjà réceptionnés par l'unité… et de lui retourner la question.

L'Allemand alors répondit *« C'est ce qui est en train de nous battre »*…[4]

4. Ne nous y trompons pas, cette phrase a souvent servi de prétexte pour la défaite des forces armées du *Reich*. Ce cas particulier est intéressant. En effet, l'unité à laquelle appartenait ce pilote était le *JG53* et sa cible le *365th Fighter Group*. En effet, le *365th* fut de nouveau à plein effectif une semaine seulement après l'attaque. Mais le *JG53* qui, pourtant, avait subi durant ses raids sur Metz et Étain des pertes de près de 50 %, avait lui aussi reçu de considérables renforts : le 10 janvier, il affichait 135 Me-109 G14 ou K4 à son effectif. La différence majeure tient au fait que dans le cas des Américains, l'attaque n'avait fait aucune victime alors que, dans les rangs allemands, on avait déploré 13 manquants et six blessés. En outre, les pilotes allemands devant "combler les vides" étaient totalement inexpérimentés, non opérationnels. Au 10 janvier, l'unité, qui affichait 88 pilotes pleinement opérationnels le 31 décembre, n'en avait plus que 54, et ce malgré l'apport des nouveaux chasseurs flambant neufs côté allemand.

En septembre 1944, les unités du génie américain et les personnels de la *9th Air Force* rebouchent les trous causés par les bombardements de leur propre aviation. Moins de six mois plus tard, ils doivent recommencer à combler les cratères laissés par les bombes allemandes et les « ragréer » avec du bitume. *(NARA.)*

Bibliographie

Sources primaires

– *Bundesarchiv/Militärarchiv*, Freiburg.

– *Bundesarchiv*, Koblenz.

– *Deutsche Dienststelle* (WASt), Berlin.

– *Imperial War Museum*, London.

– *Krigsarkivet*, Stockholm.

– *National Archive*, Kew.

– *National Archives*, College Park, Maryland.

– *National Archives & Records Administration* (NARA), Washington, D.C.

– *United States Army Combined Arms Center.*

– *U.S. Army Center of Military History.*

Livres et périodique

– *Citizen Soldiers : From the Beaches of Normandy to the Surrender of Germany.* London : Simon & Schuster, 2002.

– Barnes, Don, John Crump and Roy Sutherland. *Thunderbolts of the Hell Hawks : 365th Fighter-Bomber Group in Words, Pictures and Illustrations.* Fremont, CA : Barracuda Studios, 2011.

– Caldwell, Donald. *The JG 26 War Diary, volume II 1943-1945.* London : Grub Street, 1998.

– Caldwell, Donald and Richard Muller. *The Luftwaffe over Germany : Defense of the Reich.* London : Greenhill Books, 2007.

– Boehme, Manfred. *Jagdgeschwader 7 : Die Chronik eines Me 262-Geschwaders 1944/45.* Stuttgart : Motorbuch Verlag, 1983.

– Boog, Horst, Gerhard Krebs, Detlef Vogel and Derry Cook-Radmor. *Germany and the Second World War. Volume VII : The Strategic Air war in Europe and the War in the West and East Asia 1943.* Oxford : Oxford U

– Clostermann, Pierre. *Le Grand Cirque.* Livre de Po he, 1974.

– van Creveld, Martin. *Fighting Power : German and U.S. Army Performance, 1939-1945.* Westport, Connecticut : Greenwood Press, 1982.

– Ellis, John. *Brute Force : Allied Strategy and Tactics in the Second World War.* London : André Deutsch Ltd., 1990.

– Prien, Jochen. *« Pik-As » : Geschichte des Jagdgeschwaders 53.* Teil 3. Eutin : Struve-Druck, 1991.

– *IV./Jagdgeschwader 3 : Chronik einer Jagdgruppe 1943-1945.* Eutin : Struve Druck, 1997.

– Prien, Jochen. *Geschichte des Jagdgeschwaders 77.* Teil 4 : 1944-1945. Eutin : Struve-Druck, n.d.

– Prien, Jochen and Gerhard Stemmer. *Messerschmitt Bf 109 im Einsatz bei Stab und I./Jagdgeschwader 3.* Eutin : Struve Druck, 1997.

– *Messerschmitt Bf 109 im Einsatz bei der II./Jagdgeschwader 3.* Eutin : Struve Druck, 1997.

– *Messerschmitt Bf 109 im Einsatz bei der III./Jagdgeschwader 3.* Eutin : Struve Druck, 1997.

– Prien, Jochen and Peter Rodeike. *Jagdgeschwader 1 und 11, Teil 3 : 1944-1945.* Eurtin : Struve Druck, n.d.

– Spires, David N. *Air Power for Patton's Army : The XIX Tactical Air Command in the Second World War.* Washington, D.C. : Air Force History and Museums Program, 2002.

– Shores, Christopher and Chris Thomas, *2nd Tactical Air Force, Volume Two.* Hersham : Classic Publications, 2005.

– Kreipe, General der Flieger Werner. *The Kreipe Diary, 22 July-2 November 1944.* Foreign Military Study P-069. Historical Division, Headquarters, United States Army Europe, 1950.

– Manrho, John and Ron Pütz. *Bodenplatte : The Luftwaffe's Last Hope – The Attack on Allied Airfields New Year's Day 1945.* Crowborough : Hikoki Hikoki Publications, 2004.

– Groehler, Olaf. *Geschichte des Luftkriegs.* Berlin : Militärverlag, 1981.

– Gooderson, Ian. *Air Power at the Battlefront : Allied Close Air-Support in Europe 1943-45.* Oxon : Frank Cass Publishers, 1998.

– Franks, Norman. *Battle of the Airfields : Operation Bodenplatte 1 January, 1945.* London : Grub Street, 2000.

– Freeman, Roger A. *The Mighty Eighth : Units, Men and Machines. A History of the US 8th Army Air Force.* London : Macdonald, 1970.

Un *Bomber Squadron* de B-26 de la *9th Air Force*, au-dessus de l'Allemagne, déverse ses bombes sur le front. Après *Bodenplatte* et la « Battle of the Bulge » (la Bataille des Ardennes), les Alliés vont pouvoir préparer le passage du Rhin et entrer, enfin dans le sanctuaire du Reich. *(NARA.)*

– *Mighty Eighth War Diary.* London : Jane's, 1981.

Sullivan, John J. *Air Support for Patton's Third Army.* Jefferson, North Carolina : MacFarland & Company Inc., 2003.

1945 : The Official Report of the British Bombing Survey Unit. London : Frank Cass Publichers, 1998.

– *The U.S. Strategic Bombing Survey : European Theater of Operations : Second Edition January 1947.* http://www.angelfire.com/super/ussbs/tankrep.html

– Toliver, Raymond F. and Trevor J. Constable. *Fighter General : The Life of Adolf Galland.* Zephyr Cove, Nevada : AmPress Publishing, 1990.

– Vajda, Ferenc A. and Peter Dancey. *German Aircraft Industry Production 1933-1945.* Shrewsbury : Airlife Publishing, 1998.

– Wegerski, Theodore E. *514th Fighter Squadron, The Raider Squadron.* n.d. http://freepages.military.rootsweb.ancestry.com/~ddorsey/pages/history.htm

– Wilmot, Chester. T*he Struggle for Europe.* Chatham : Wordsworth Editions Ltd, 1998.

– *Airpower Journal.*

Sites internet

– 365th Fighter Group Official Site : hellhawks.org

– 406th WW II Fighter Group : 406thfightergroup.org

– B26.com : b26.com

– Battle of the Bulge Memories : battleofthebulgememories.be

– Centre de Recherches et d'Informations sur la Bataille des Ardennes : criba.be

– Fort Bragg : bragg.army.mil

– Harry S. Truman Library and Museum : trumanlibrary.org

– Military History On Line : militaryhistoryonline.com

– The 368th Fighter Group Association Official Site : 368thfightergroup.com

Les bombardements stratégiques sur l'Allemagne n'ont jamais cessé pendant la période de la contre-offensive des Ardennes et l'opération *Bodenplatte*...
Après le 1er janvier 1945, les B-24 Liberator peuvent continuer leur ballet au-dessus du Reich... Ballet d'autant plus mortel que l'opposition allemande a encore perdu de sa force... *(NARA.)*

Les lecteurs qui voudraient connaître le détail des pertes subies par la *Luftwaffe* et celles de l'aviation alliée (hommes et appareils) sont invités à se rendre sur le site des éditions Heimdal afin d'en consulter les chiffres.

www.editions-heimdal.fr

Cette splendide photographie nous montre un pilote de P-51 D aux commandes de son appareil prêt à décoller pour assurer sa mission de protection des « boxes » de B-17 au-dessus de l'Allemagne. (NARA.)

À ma Mère

(21 avril 1929 – 2 octobre 2018)

Textes : Philippe Guillemot
Coordination : Jean-Marie Mongin
Mise en page : Paul Gros / paulvgros@gmail.com

Éditions Heimdal
BP 61350 - 14406 BAYEUX Cedex
Tél : 02.31.51.68.68 Fax : 02.31.51.68.60
E-mail : communication.heimdal@wanadoo.fr
www.editions-heimdal.fr

Achevé d'imprimer en France en novembre 2018 par l'Imprimerie de Champagne (Langres, 52), pour le compte des Éditions Heimdal, Georges Bernage, éditeur.